大学俄语系列参考书

大学俄语
写作 精要

主　编　陈国亭
副主编　吕　卉　周丽霞

（修订本）

哈尔滨工业大学出版社

主　　编	陈国亭
副 主 编	吕　卉　周丽霞

参编人员（以姓氏笔划为序）

王希悦　吕　卉　李　芳　周丽霞
吴　哲　高　昆　陈国亭　赵　洁
董　丹

图书在版编目(CIP)数据

大学俄语写作精要/陈国亭主编. —5 版(修订本). —哈尔滨：哈尔滨工业大学出版社,2017.3(2024.8 重印)
ISBN 978－7－5603－6475－9

Ⅰ.①大…　Ⅱ.①陈…　Ⅲ.①俄语－写作－高等学校－教材　Ⅳ.①H355

中国版本图书馆 CIP 数据核字(2017)第 030861 号

责任编辑	甄淼淼
封面设计	刘长友
出版发行	哈尔滨工业大学出版社
社　　址	哈尔滨市南岗区复华四道街 10 号　邮编 150006
传　　真	0451－86414749
网　　址	http://hitpress.hit.edu.cn
印　　刷	哈尔滨圣铂印刷有限公司
开　　本	787mm×960mm　1/16　印张 13.5　字数 390 千字
版　　次	2017 年 3 月第 5 版　2024 年 8 月第 5 次印刷
书　　号	ISBN 978－7－5603－6475－9
定　　价	39.80 元

(如因印装质量问题影响阅读,我社负责调换)

前　言

　　本书可作为大学公外俄语教学、公外大学生参加国家俄语四级统考或研究生俄语入学考试及各类俄语学习者参加各类俄语考试的参考书。

　　本书针对国家各类俄语考试对学生知识和写作水平的整体要求，充分考虑到平时和测试所能涉及的各类题目。选题力求涵盖一般大学生可能做的文题。本书分上下两编。上编为俄语造句法，后面给出连词成句练习，目的是很好地提高造句能力。为提高学习者俄语思维能力，连词成句练习中，我们先给出汉语句子，再给出相应的各自独立的俄语单词，由学生按照俄语造句规则和搭配习惯自行连词成句，之后我们给出参考答案。下编为俄语作文法，给出100多篇范例短文和1770多个短语和句型，并对每一类作文做了写作要点解说，以使学生得到充分的练习和考前模拟实践。建议学习者适当背诵范文和常用句，多进行换句换词、换人称模拟作文练习，使自己的写作水平有一个实质性的提高。

　　此次修订，增添了部分新的短文，短文篇幅即词量不拘泥于四级统考及研究生入学考试对词量的要求，一般均多于要求，使用者可根据实际需要筛选。所有范文及例句均请俄罗斯专家审阅过，以期保证质量。

　　但由于编者水平有限，缺点和不足仍在所难免，欢迎读者与我们联系，并给予本书批评和指正。

编　者
2022年1月

主编电子信箱：chenguottttt@163.com

目 录

上编 俄语造句法

Ⅰ.俄语基本句型结构分析　//1
一、简单句句型　//1
1. 主谓句　//1
2. 动词变化形式句　//2
3. 无人称句　//2
4. 无人称句和人称句的区别　//3
5. 否定无人称句和否定人称句的区别　//3

二、复合句连接手段语义辨析　//4
1. и всё же（и всё-таки,и однако）与 но（да,однако）　//4
2. и 与 если...то...　//5
3. и 与 так что　//5
4. так как（потому что）　//6
5. а 与 но　//6
6. не то 与 не то...не то...　//6
7. то...то... 与 то ли...то ли...　//7
8. но 与 зато　//7
9. но 与 хотя（...но）和 несмотря на то что（...всё же,всё-таки）　//7
10. что 与 чтобы　//8
11. что 与 как　//8
12. который 与 какой　//9

13. когда 与 пока（не） //10

14. если, раз 与 если бы //10

15. благодаря тому что 与 из-за того что //11

16. слишком...чтобы 与 достаточно...чтобы //11

17. так...как, так...（как）будто（словно）与（как）будто（словно）//13

18. так...что 与 так...чтобы //14

Ⅱ.句子的扩展 //15

一、定语 //15

1. 定语的表达 //15

2. 定语的独立 //16

二、同位语 //19

1. 同位语的意义和表达法 //19

2. 同位语的独立 //21

三、补语 //22

1. 动词所带的补语 //22

   (1) 直接补语 //22

   (2) 间接补语 //23

2. 其它词类所带的补语 //24

   (1) 动名词 //24

   (2) 形容词 //25

   (3) 副词和状态词 //26

3. 某些起补语作用的前置词结构的独立 //26

四、状语 //27

1. 状语的类型 //27

   (1) 时间状语 //27

   (2) 地点状语 //27

   (3) 原因状语 //27

   (4) 条件状语 //28

   (5) 目的状语 //28

   (6) 程度状语 //28

(7)度量状语　//28
　　(8)行为方式状语　//29
　　(9)让步状语　//29
 2.状语的独立　//29

Ⅲ.写作中的承上省略、代换和词序调整　//33
 一、承上省略　//33
 二、代换　//34
 三、词序调整　//36
 1.表述出发点在前、表述核心在后　//37
 2.承接上文(已知)部分在前、展开叙述
 　(新知或强调点)部分在后　//39
　　(1)(状)谓(补)[或补·谓]—主　//39
　　(2)(状)(补)主—谓(补)　//40
　　(3)(状)主·谓[谓·主]—补　//40
　　(4)(补)主·谓[或谓·主](补)—状　//41

练习　//43

练习参考答案　//54

下编　俄语作文法

记　叙　文

Ⅰ.写人　//65
 一、写自己　//65
 1. Немного о себе　//65
 2. Немного о себе　//65
 3. Немного о себе　//66
 4. Немного о себе　//66
 5. Немного о себе　//67
 6. Немного о себе　//67

  7. Немного о себе //68

  8. Немного о себе //68

 二、写一个熟悉的人 //71

  1. Мой любимый ученый //71

  2. Мой любимый человек //72

  3. Мой любимый человек — отец //73

  4. Мой сосед //73

  5. Моя мать //74

  6. Моя учительница //74

  7. Мой любимый человек //75

  8. Моя подруга //75

  9. Мой любимый русский писатель //76

  10. Мой сосед по комнате //76

  11. Мой любимый спортсмен //77

  12. Мой любимый русский певец //78

  13. Мой русский преподаватель //79

  14. Мой любимый переводчик //79

Ⅱ. 记事(按图示、文字提要或单纯命题作文) //85

 一、看图作文 //85

  1. Напишите сочинение на тему «Новогодний концерт» по следующим картинам. //85

  2. Напишите сочинение на тему «Создать свой мир в условиях рыночной экономики» по следующим картинам. //88

 二、按给出的主题句作文 //89

 三、按规定情景写作 //91

 四、利用关键词写短文 //94

 五、按命题写介绍性说明文 //96

论 说 文

一、国情类　//110

  1. 中国的现代化(Модернизация в Китае)　//110

    Китай вступает в новую эпоху　//111

    Значение развития экономики в нашей стране　//111

    Китай на мировой арене　//112

    Наука и прогресс общества　//113

  2. 拓宽知识面(Расширять знаний)　//115

    Мы должны расширять свои знания　//115

    Знание — это сила　//115

  3. 城市问题(Проблемы города)　//117

    Транспорт в городе　//117

    Проблема городского транспорта　//118

    Каким должен быть город?　//118

    Город будущего　//119

  4. 我们生活的前景(Перспективы нашей жизни)　//122

  5. 电子计算机和互联网(ЭВМ и интернет)　//124

    Информация в современной жизни　//125

  6. 环境保护(Защита /охрана/ окружающей среды)　//127

    Защита окружающей среды　//127

    Превращение нашего города в зеленый сад　//128

    Берегите пресную воду　//128

  7. 做一个符合时代要求的人(Быть достойным общества человеком)　//131

    Быть достойным общества человеком　//131

    Если бы я стал ученым　//132

    Необходимость пополнения и обновления знаний　//133

  8. 提高外语水平(Повышение уровня иностранного языка)　//134

    Повышение уровня русского языка　//134

    Почему необходимо изучать иностранный язык　//135

  Студент и китайский язык //136

二、观念类 //138

1. 人应该有美的心灵(У человека должна быть красивая душа) //138
2. 青年人的历史任务(Историческая задача молодёжи) //139
3. 人应该有远大目标(У человека должна быть великая цель) //141

  Пусть мечта превращается в реальность //142

4. 人生意义和幸福(Смысл жизни и счастье) //144

  Смысл жизни //144

  В чем смысл человеческой жизни //144

  Что такое счастье? //145

  Что такое счастье? //145

  Любовь и деньги //146

5. 劳动与天才(Труд и талант) //148

  Тяжёлый труд — это золотой мост к осуществлению наших желаний //148

  Талант — это прежде всего упорный труд //148

  О способностях человека //149

6. 学习和书籍(Учёба и книга) //151

  Учёба — это спутница человека в жизни //151

  Радость чтения книги //152

  Немного о книге //153

7. 现代的专家应该是什么样的人？(Каким должен быть современный специалист?) //154
8. 一个好教师应具备哪些品质？(Какими качествами должен обладать хороший учитель?) //155
9. 生活的榜样(Пример в жизни) //157

  Кто является для меня примером в жизни? //157

10. 什么是真正的朋友？(Каким должен быть настоящий друг?) //158
11. 成功与失败(Победа и поражение) //160
12. 感想(впечатление) //161

　　　　Впечатление о выставке продукции лёгкой промышленности　//161

　　　　Впечатление от прочитанной книги «Как закалялась сталь»　//161

三、生活类　//165

　1. 爱好（Увлечение）　//165

　　　Увлечения и их роль в жизни человека　//165

　　　Увлечение и жизнь　//165

　　　Моё увлечение　//166

　　　Моё увленение　//167

　　　Моё свободное время　//167

　2. 节日（Праздник）　//170

　　　Праздник Весны(1)　//170

　　　Праздник Весны(2)　//171

　3. 音乐（Музыка）　//172

　　　Нам нужна музыка　//172

　4. 体育运动（Физкультура и спорт）　//174

　　　Мой любимый вид спорта　//174

　　　Спорт и здоровье　//174

　5. 爱护自己的身体（Беречь своё здоровье）　//176

　　　Береги своё здоровье　//176

　6. 爱惜时间（Беречь время）　//178

　　　Берегите время　//178

　　　Время — это жизнь　//179

　7. 毕业后做什么？（Что вы будете делать после окончания университета?）　//180

应用文【1】：书信

一、写作要点　//182

　1. 信头　//182

　2. 正文　//182

3. 结尾　//183
　二、书信行文格式(范例)　//184
　三、书信实用范例　//186
　　1. 模拟信件　//186
　　2. 模拟信件　//187
　　3. 信件实例　//188
　　4. 信件实例　//189
　　5. 信件实例　//189

应用文【2】：校园应用文范例

1. 给老师发短信请假
　　СМС преподавателю с просьбой об отпуске　//194
2. 给外教发短信祝贺新年
　　СМС преподавателю с новогодним поздравлением　//194
3. 俄语系举办朗读比赛的通知
　　Объявление о конкурсе чтецов на факультете русского языка　//194
4. 外国语学院话剧大赛的海报
　　Объявление о театральном конкурсе факультета иностранных языков　//194
5. 手机招领启事
　　Объявление о найденном телефоне　//195
6. 网店放假通知
　　Объявление о закрытии интернет-магазина на каникулы　//195
7. 售房广告
　　Объявление о продаже квартиры　//195
8. 租房广告
　　Объявление о сдаче квартиры в аренду　//195
9. 俄汉电子词典售卖广告
　　Объявление о продаже электронного русско-китайского словаря　//196
10. 专家讲座通知

　　　　Объявление о курсе лекций　　//196
11. 羽毛球比赛通知
　　　　Объявление о соревнованиях по бадминтону　　//196
12. 招聘启示
　　　　Объявление о приеме на работу　　//197
13. 商品代购广告
　　　　Объявление о закупке товара　　//197
14. 俄罗斯电影上映预告
　　　　Анонс российского фильма　　//197
15. 俄语电视剧更新通知
　　　　Анонс о возобновлении показа российского телесериала　　//198
16. 俄语专业四级辅导班广告
　　　　Объявление об открытии группы подготовки к ТРЯ 4　　//198
17. 图书室借书借条
　　　　Расписка за взятую в абонемент библиотечную книгу　　//198

上编 俄语造句法

要造出一个语法上正确、语义上合理的俄语句子，就必须懂得俄语语法并且了解俄语表达思想的习惯。历年各类考试的答卷中都有这样一种情况：某个句子中词量并不少，如果把每个词译成汉语连起来，会组成一个很像样的汉语句子。但这个俄语句子却不能得分，因为句中处处是语法错误，而且其中某些词在俄语语义上根本不能搭配。所以，要解决作文问题，首先要解决造句问题，而要解决造句问题，就要明了句子是按什么结构方式组成的，又是怎样用来表达思想的。

Ⅰ. 俄语基本句型结构分析

俄语在具体使用中形成的句子不可计数，从表达思想的角度看，很少有重复的情况。但是从句法结构看，无非是八种最基本的句型，而其中五种基本句型是必须掌握的。只要造出的句子符合这些句型之一的结构要求，便在句法上是正确的。当然，句子同时还要符合语义搭配的要求，也就是说，还要注意词与词之间在意义上是否能够搭配，这一点是平时学习每一个单词时应该注意的。

一、简单句句型

简单句句型中必须掌握的有三种：(1)主谓句；(2)动词变化形式句；(3)无人称句。

1. 主谓句

主谓句由主语(部)和谓语(部)构成。这里，最容易发生的错误是主谓搭配不当。其中需要注意的主要是主语和谓语在性、数或人称上要协调一致或按约定俗成的形式。关于这一点，详见《大学俄语词汇语法精解》(修订本)或《大学俄语语法精编》(哈尔滨工业大学出版社)中有关章节。

2. 动词变化形式句

此类句的核心是动词的各种变化形式。如动词命令式、动词的复数第三人称形式(现在时或过去时)等。这里须注意的是其它句子成分与核心成分的句法联系,其中主要要注意名词的用格和是否须借助前置词等。具体见下面"词和句子的扩展"一节。此类句的使用和表义功能示例如下:

①**Идём** со мной! (跟我走吧!)[复数第一人称形式,表示祈使意义]

②**Иди** и **думай**, — говорит старик. ("去想想吧。"老人说。)[单数第二人称命令式,表示祈使意义]

③— Что ты тут?

— Мне картинки **показывают**.

"你在这儿干什么?"

"(人家)给我看图片呢。"[复数第三人称,即不定人称形式]

④О гибели Петьки мне **написали**, когда я вернулся в Ленинград. (我回到列宁格勒以后,有人给我写信告诉我别契卡的死讯。)[同③]

⑤Не **верь** чужим речам, **верь** своим очáм. (耳听为虚,眼见为实。)[单数第二人称命令式,表示泛指意义]

使用这类句子时还须注意,此类句的主体是潜在的,即没有用人称代词或名词表现出来。如果说动词第一人称、第二人称形式还有词尾形式表示主体是什么人的话,那么复数第三人称形式就很难确切指出其主体了。此类句的语义特点是突出强调动作。因而在不知主体或不愿说出主体时可以用此类句。再比较:

①**Послали** за доктором? (派人去请大夫了吗?)[突出行为本身]

②**Постучали** в дверь. (有人敲门)[不知主体是谁]

③— Что, ко мне пришёл? Когда от вас покой будет?

— Да меня **посылали**.

("怎么到我这儿来了?你们什么时候能让我安静一下?""是有人派我来的。")[不愿说出主体或有意回避主体]

而当要突出强调主体时要用主谓句。试比较:

①Дома всё делаю **я**. (家里什么都是我干。)

②**Вы** идите, а **я** пять минут посижу здесь одна. (您走吧,我一个人在这儿待五分钟。)

3. 无人称句

无称句中没有(或不可能有)主体,或虽有主体(名词或代词用三格)但行为或状态不受主体制约。主要成分由无人称动词、状态词、不定式等充当。如:

①Перед самым Новым годом резко похолодало.（新年到来之前天气骤然变冷了。）［没有也不可能有主体］

②Вчера мне нездоровилось.（昨天我身体不适。）［生理状态不受主体制约］

③В общежитии было прохладно и уютно.（宿舍里又凉快、又舒适。）［没有也不可能有主体］

④Без тебя мне не успеть бы.（要不是你我就来不及了。）［受客观因素支配］

4. 无人称句和人称句的区别

无人称句和人称句的区别主要是：无人称句的主体对所感知的某种心理或生理状态或所发生的行为不是主观上可以控制的，状态或行为都是不自觉产生的。人称句表示主体的主观意志，其肯定句表示主体对于行为或状态的积极作用，而否定句则可以表示主体没有做或主观上不去进行某一行为。试比较：

①Вчера всю ночь мне не спалось.（昨天我一整夜都没睡着。）

②Она не спала всю ночь.（她一夜没睡。）

③Мне хочется пить.（我渴了。）

④Я хочу пить чай.（我想喝茶。）

⑤В этот вечер мне нечего было делать.（这天晚上我无事可做。）

⑥В этот вечер я ничего не делал.（这天晚上我什么也没做。）

5. 否定无人称句和否定人称句的区别

否定无人称句否定的是事物的存在（被否定的事物名词用第二格），而不是否定由动词所表示的动作或状态。如：

①Кругом не было ни души.（周围一个人也没有。）

②Из-за пожара в библиотеке не сохранилось никаких книг.（由于火灾，图书馆里什么书也没保存下来。）

而否定人称句否定的是行为或状态，即该行为或状态没有发生过（用未完成体），或虽进行但没有完成或没有达到预期的结果（用完成体）。试比较：

①Вчера преподаватель не был у нас в общежитии（或 ~ ~ не приходил к нам в общежитие）.（昨天老师没有到我们宿舍来过。）

②Из-за пожара в библиотеке не сохранилась та книга, которую я когда-то брал.（由于火灾，图书馆里我曾经借过的那本书没有保存下来。）

③Мы думали, что он нам позвонит, но он не позвонил.（我们以为他会给我们挂电话，但他却没挂。）

二、复合句连接手段语义辨析

为了把两个(或两个以上)相关的简单思想即简单句结合起来构成较复杂的思想即复合句,许多时候需要借助连接手段。俄语中有一些连接手段或由于相近的意义或形式,或由于相近的功能,造成中国学生学习和使用上的困难。因而,要造出一个符合语义要求的、结构上正确的复合句,就必须搞清复合句连接手段(连接词和联系用语)的语义特点和句法功能。

俄语复合句分为带连接词的和不带连接词的两种。其中带连接词的又分为并列复合句和主从复合句。但从语义角度分析,完全可以不必顾及用某一连接手段造出的是什么性质的复合句。所以,我们在进行下面的连接手段语义辨析时,不再考虑句子的句法结构归属。

从另一个角度讲,写作中可以使用不同的连接词表达类似的意思,不仅可以使语义更加贴切,也可以避免将同一个连接词多次重复。这样,便可以使文字更加生动。

1. **и всё же**(**и всё-таки**,**и однако**)与 **но**(**да**,**однако**)

这两类连接词意义相近,可以用在同一复合句中。и всё же,и всё-таки 可译为:但还是(但仍然),и однако 可译为:不过(但是),这三个连接词使句子语气较为和缓。而 но,да,однако 强调事态发展的转折,语气强烈一些,一般译为:但是(可是、不过、然而)。其中,да 多用于口语,而 однако 多用于书面语。试比较:

①Проект этого инженера далеко не безупречный, **и всё же** он мне нравится. 这位工程师的方案远不是无可挑剔的,但我仍然喜欢这个方案。

②Он очень устал, **и всё-таки** пошёл помогать товарищу. 他很疲倦,但还是去帮助一位同志了。

③Доводы твои убедительны, **и однако** я всё равно не согласен с тобой. 你的理由很有说服力,不过我反正是不同意你的意见。

④У тебя действительно очень мало времени, **но** всё-таки я советую тебе посмотреть эти материалы. 你的时间确实很少,但我还是建议你看看这些材料。

⑤Хотел было пешком в деревню бежать, **да** сапог нету, мороза боюсь. 我本想走着上村里去,可没有靴子,我怕冻。

⑥Дождь прошёл, **однако** небо закрыто тучами. 雨过去了,然而天空还布满了乌云。

2. и 与 если...то...

在前部分表示条件、后部分表示结果的复合句中,连接词 и 和 если...то 都可以用,译文也可能相同。如:Не будешь учиться — и останешься на всю жизнь безграмотным. — Если не будешь учиться, то останешься на всю жизнь безграмотным.(如果你不学习,你就会一辈子当文盲。)这里,连接词 и 表示前面所提条件所引起的必然结果,而 если...то...强调说话者的主观估计,即 то 所指出的结果只是说话者的一种看法或推理。

而当连接词 если...то...表示在前面所提条件下,说话者认为对方应该怎么做或自己要怎么做的时候,不可用连接词 и 替换。试比较:

①Если ты не сможешь пойти в театр, то позвони мне. 你要是不能去看戏,就给我打个电话。[不能说成:Ты не сможешь пойти в театр и позвони мне.]

②Если будет трудно, то попрошу помощи у соседа. 如果有困难的话,我就去求邻居帮忙。[不能说成:Будет трудно и попрошу помощи у соседа.]

③Если будет хуже, то придётся идти к врачу. 一旦(要是)病情恶化(加重)的话,就得去看医生。[不能说成:Будет хуже и придётся идти к врачу.]

但这几句话可以用无连接词复合句(即不带连接词 и)来表示。试比较:

①Не сможешь пойти в театр — позвони мне.

②Будет трудно — попрошу помощи у соседа.

③Будет хуже — придётся идти к врачу.

3. и 与 так что

在前部分表示原因、后部分表示结果的复合句中,连接词 и 和 так что 可以换用。这里,и 表示事态发展的必然结果,而 так что 表示说话者主观上突出强调结果,其语义相当于(и) поэтому. 也就是说,单用 и,强调结果意味不如 так что 强烈。试比较:

①Всю неделю я бездельничал, и (поэтому)(и поэтому) теперь придётся работать за двоих. 整个一周我都什么也没干,所以现在我不得不一人干两个人的活。

②Всю неделю я бездельничал, так что теперь придётся работать за двоих. (译文同上。)

③Ты получил хороший урок, и пора делать выводы. 你得到了一次很好的教训,所以也该做做总结了。

④Ты получил хороший урок, так что пора делать выводы. (译文同上。)

4. и 与 так как（потому что）

在前部分表示原因、后部分表示结果的复合句中，и 和 так как 都可以用。и 用在后部分句首，表示事态发展的必然进程（见3），相当于 так как 用在前部分句首的情况。但 так как 表示说话者主观上强调原因，这样的句子带有书面语色彩。而在前部分表示结果、后部分表示原因（句首为 потому что）的复合句中不可直接用 и 替换，потому что 也表示说话者主观上强调原因。请比较：

①В нашем доме вечером не было света, **и** я не смог выполнить домашнее задание. 我们楼里晚上没灯，所以我没能完成家庭作业。

②**Так как** в нашем доме вечером не было света, я не смог выполнить домашнее задание. 因为我们楼里晚上没灯，所以我没能完成家庭作业。

③Я не смог выполнить домашнее задание, **потому что** в нашем доме вечером не было света. 我没能完成家庭作业，是因为我们楼里晚上没灯。

5. а 与 но

在表示让步关系的并列复合句中，连接词 а 和 но 都可能用。а 用在表示前后两个事实的对比、对照关系中，而 но 用在强调两事实内容的对立或说话者有意将两事实人为对立的情况下。换句话说，在同一句中 а 和 но 都可以用的时候，要表示将两事实对比时用 а，而要表示将两事实对立起来时用 но。试比较：

①Было уже поздно, а (но) он не мог вернуться домой. 天色已晚，而（但）他还不能回家。

②Спектакль давно закончился, а (но) зрители всё ещё не расходились. 话剧早就结束了，而（可）观众还没散去。

注意：在只能出现对比、对照关系的句中就只能用 а，而在只能出现对立（让步）关系的句中则只能用 но，这时它们不可互换。试比较：

①Сегодня мы пойдем в кино, а завтра — в цирк. 今天我们去看电影，明天呢，去看马戏。[不可用 но 替换。]

②Ее не назовёшь красавицей, но она очень симпатичная. 她称不上是美女，但她很讨人喜欢。[不可用 а 替换。]

6. не то 与 не то... не то...

这是两个意义完全不同的连接词。не то（可为 а не то 或 а то）表示条件—结果关系，译为："要不然（的话）,"常用于口语。而 не то... не то... 表示区分关系，译为："不知是……还是……"。请比较：

①Надо срочно везти его в больницу, (а) не то (а то) это плохо кончится. 应当赶快把他送往医院，要不然（的话）这事就糟了。

②Издалека слышался какой-то шум: не то самолёт гудел, не то мимо проезжала машина. 远处传来某种嘈杂声: 不知是飞机在轰鸣, 还是附近驶过了汽车。

7. то...то... 与 то ли...то ли...

这是两组意义根本不同的连接词。то...то... 表示两个事实的交替出现, 译为: 忽而(一会儿)……忽而(一会儿), 而 то ли...то ли... 表示说话者的一种推测, 对句中的两个事实没有把握, 难以定论, 译为: 不知是(或许是)……还是(或许是)……。请比较:

①Вчера мне весь день мешали работать: то кто-нибудь входил в мою комнату, то звонил телефон. 昨天一整天都有人打扰我工作: 一会儿有人进我的房间, 一会儿电话铃响。

②Я ничего не узнавал. То ли я не жил на этой улице, то ли от неё осталось одно название. (当时)我什么也没认出来。或许(不知是)我没在这条街上住过, 或许(还是)这条街面目已改, 只剩下名称了。

8. но 与 зато

在表示让步关系的复合句中, 连接词 но 与 зато 都可能用, 但 но 表示前后两个事实的对立, 而 зато 表示后一事实对前一事实的某个不利方面的补偿。有时, 为加强补偿意义可以用 но зато. 试比较:

①Было очень трудно, но я продолжал идти вперёд. (当时)情况很困难, 但我仍继续前进。

②Заплатил дорого, зато хорошую вещь купил. 钱是多花了, 可是买了件好东西。

③Комнатка оказалась маленькой, но зато из её окна открывался чудесный вид на Волгу. 小房间是很小, 但不过从它的窗子可以眺望伏尔加河的美景。

9. но 与 хотя (...но) 和 несмотря на то что (...всё же, всё-таки)

这三个连接词都可以表示对立让步意义, 只是强调程度不同。но(只用在后句句首)所表示的让步意义较弱, хотя(...но) 和 несмотря на то что(在主句前、后都可用)所表示的让步意义较强。带 но 的复合句只有在特定的下文中才能体会出让步意义, 而 хотя 或 несмотря на то что 所带的从属句(在主句前)一出现便可知道本身一定是让步意义。特别在 хотя 和 но 连用、несмотря на то что 和 всё же(всё-таки)连用时, 让步意义更加鲜明。在不顾及程度差异时这三个连接词可以换用。从修辞上讲, несмотря на то что 带有一定的书面语色彩。试比较:

①Было холодно, но я упорно ждал её на остановке. 天气很冷, 但我执意在车站上等她。

②Хотя было холодно, я упорно ждал её на остановке. 虽然天气很冷，我仍执意在车站上等她。

③Я упорно ждал её на остановке, хотя было холодно. 我执意在车站上等她，虽然天气很冷。

④Хотя было холодно, но я упорно ждал её на остановке. 虽然天气很冷，但我执意在车站上等她。

④Несмотря на то что было холодно, я упорно ждал ее на остановке. 尽管天气很冷，我仍执意在车站上等她。

⑤Я упорно ждал ее на остановке, несмотря на то что было холодно. 我执意在车站上等她，尽管天气很冷。

⑥Несмотря на то что было холодно, я всё же (всё-таки) упорно ждал ее на остановке. 尽管天气很冷，但我仍然执意在车站上等她。

10. **что 与 чтобы**

在带说明从属句的主从复合句中，当与主句中同一动词连用时，用 что 可以表示所述内容是真实的，是现实中发生的，而用 чтобы 可以表示愿望或祈使意义。主句中用表示言语行为的动词（如 сказать, сообщить 等）时，从属句可能用 что 或 чтобы，而当主句中用表示愿望或祈使意义的动词时，只能用带 чтобы 的从属句。试比较：

①Он сказал, что я должен прийти вовремя. 他说我应该按时来。

②Он сказал, чтобы я пришел вовремя. 他说让我按时来。

③Нам сообщили, что мы должны собраться в зале в 7 часов. (有人)通知我们应当七点钟在大厅里集合。

④Нам сообщили, чтобы мы собрались в зале в 7 часов. 通知让我们七点钟在大厅里集合。

⑤Я хочу, чтобы мы встретились ещё раз. 我希望我们再见一次面。

⑥Желаю вам, чтобы вы всегда были молоды и красивы. 祝愿您永远年轻漂亮。

11. **что 与 как**

当主句中用表示感知意义的动词（如 знать, видеть, слышать, смотреть, слушать, чувствовать 等）时，如说明从属句中被感知的行为作为一个事实出现时，既可以用 что，也可能用 как(方式或程度意义减弱)。如：

①Я знаю, как (что) это трудно — не иметь своего жилья. 我知道，没有住所是多么(很)困难(的)。

②Было слышно,что（как）рядом на стройке работали рабочие.可以听见附近工地上工人们在干活。

当所感知的是一种状态(不是行为过程,也不强调行为方式)时,应用что。试比较：

Я чувствовал в темноте,что рядом кто-то есть.黑暗中我觉着旁边有个人。

但当被感知的行为或状态的方式意义增强时,却应用как。试比较：

①Она не помнила,как она очутилась на улице.她不记得她是怎么来到街上的。

②Слушайте,как это произошло.听我说这件事是怎么发生的吧。

有时,用что还是как还与主句中用什么动词有关。当动词(如 сказать)只要求揭示一个事实时,应用что连接。而当动词(如 рассказать, объяснить)要求讲出行为的过程或方式时,应用как。试比较：

①Мы сказали,что он ловко выпутался из этой ситуации.我们说了,他很机智地从这个困境中解脱出来了。

②Он рассказал нам,как он ловко выпутался из этой ситуации.他给我们讲了他是如何机智地从这个困境中解脱出来的。

③Преподаватель объяснил нам,как надо правильно произносить это слово.老师给我们讲了如何正确地读出这个词。

12. который 与 какой

在带名词限定从属句的主从复合句中,既可用 который,也可用 какой 充当连接手段。其区别是：

（1）用 который 时,其所指正是被修饰名词所表示的事物本身,而如用 какой,则表示该类事物的性质或特征。试比较：

①Я купила платье,которое мы вчера видели в магазине.我把昨天咱们在商店里看见的那件连衣裙买下了。

②Я купила платье,какое видела у тебя.我买了一件在你那儿见到过的连衣裙。

（2）который 和 какой 一般都应与主句中被说明词性、数一致,而格由其在从句中的地位而定。但有时 какой 的数可以和被说明词不一致。当主句中被说明名词用单数时,如要表示该类事物的性质和特征,какой 可以用复数。试比较：

①На выставке показывали автомобиль,который привезли из Англии.展览会上展出了一台从英国运来的小汽车。

②На выставке показывали（такой же）автомобиль,какой мой сосед привёз из Англии. 展览会上展出一台跟我邻居从英国运回来的那台一样的小汽车。

③На днях я посмотрел такой фильм, каких давно уже не видел. 我昨天看了一部电影,这类电影我已好久没有见过了。

13. когда 与 пока (не)

(1)在带时间状语从属句的主从复合句中,连接词 когда 和 пока 都可以表示从属句的行为与主句的行为同时发生。这时,两者同义,可以互换。请比较:

①Я старалась не мешать, когда (пока) она убирала комнату. 在她打扫房间的时候我尽量不去妨碍她。

②Пока (Когда) мы были студентами в Японии, многим из нас приходилось и работать, и учиться. 当我们在日本当大学生的时候,我们中很多人不得不半工半读。

注意:带 пока 的从属句必须是肯定句。

(2)当从属句的行为发生在主句行为之前时,只能用 когда. 试比较:

①Позвони, когда вернешься домой. 回家之后来个电话吧。

②Когда дождь кончился, мы вышли из дома. 雨停了以后,我们从屋里走了出来。

(3)пока 用于否定句时,意义有所不同,表示"……直到……(为止)"或"在没……之前(就)一直……",句中可用 до тех пор 与之呼应。这时,不能用 когда 替换。试比较:

①Мы ждали, пока не пришла машина. 我们一直等到车来。

②Они гуляли до тех пор, пока не погас последний фонарь на улице. 他们一直散步到最后一盏路灯熄了为止。(在最后一盏路灯没熄之前,他们一直散步来着。)

14. если, раз 与 если бы

在带条件从属句的复合句中,连接词 если 表示真实的(即可能实现的)条件,译为:如果(要是)等,句中多用将来时。连接词 раз 表示已经实现的、现实的(真实)条件,译为:既然,句中动词多用现在时和过去时。而 если бы 表示虚拟的、不可能实现的条件,可译为:如果、假使、要是等,句中动词虽为过去时形式,但句子可通用于现在、过去、将来三个时间。试比较:

①Если не будет дождя, я пойду гулять на улицу. 如果(要是)不下雨,我就上街去散步。

②Если ты мне не поможешь, я не справлюсь с этим делом. 如果(要是)你不帮我,我就应付不了这件事。

③Зачем мне ждать тебя, раз ты очень занят? 既然你很忙，我还等你干什么？

④Раз все устали, давайте кончим работу. 既然大家都累了，咱们就停止工作吧。

⑤Если бы не было дождя, я не сидел бы дома и не скучал. 要是不下雨的话，我就不会呆在家里百无聊赖了。

⑥Я был бы счастлив, если бы вы посетили меня. 您要是来看我的话，我会感到很幸福。

15. благодаря тому что 与 из-за того что

两者的区别与前置词 благодаря（чему）和 из-за（чего）之间的区别相同。Благодаря тому что 多表示好的原因，可译为：多亏了……，而 из-за того что 多表示不利的原因。从属句在主句后时，两组连接词都可以分解为两部分，即 благодаря тому, что 和 из-за того, что 以用来强调原因。试比较：

①Благодаря тому что стройку непрерывно снабжали строительными материалами, работа продвигалась быстро. 由于（多亏了）不断向工地供应建筑材料，工作进展很快。

②Мы выполнили план благодаря тому, что рабочие напряженно работали весь месяц. 我们按时完成了任务，多亏了工人们一整月紧张地干活。

③Из-за того что долгое время шёл снег, ездить по дорогам было трудно и опасно. 由于雪下了很长时间，在路上行车既困难又危险。

④Ребенок сильно устаёт из-за того, что он учится и в обычной, и в музыкальной школе. 小孩特别疲倦，是因为他既在普通学校读书，又在音乐学校学习。

16. слишком... чтобы 与 достаточно... чтобы

这两组连接手段所构成的语义结构是固定的。

слишком 用于主句中，多与形容词、量词、动词、副词等连用，表示主体因过分地具有某种性质、特征或经历而不能实现 чтобы 从句所揭示的行为。从句中的不定式如用肯定形式，应理解为否定形式（既完不成该行为），如用否定形式，则应理解为否定之否定的肯定形式（即不能不去完成该行为）。反之，要否定该行为，应用肯定形式，如要肯定该行为，应用否定形式。这一点是中国学生很容易搞错的。请看实例：

①Он **слишком болтлив, чтобы** доверять ему тайну. 他太饶舌了，不能把秘密告诉他。

②Он **слишком взволнован, чтобы** спокойно к этому отнестись. 他太激动

了,不能平静地对待这件事。(或:他激动得不能……)

③Он **слишком любопытен**, **чтобы не** поинтересоваться этим. 他好奇心特别强,不能不对这件事感兴趣。

④Факт **слишком интересен**, **чтобы не** обратить на него внимания. 事实太令人感兴趣了,不能不注意到它。

⑤У него **слишком мало** денег, чтобы отправиться в дорогое путешествие. 他的钱太少了,不能去做一次昂贵的旅行。

⑥Я **слишком устал**, чтобы заниматься сегодня вечером. 我太累了,今晚不能再学习了。

⑦Было **слишком поздно**, чтобы ехать домой. 太晚了,不能回家了。

достаточно 用于主句中,多与形容词、动词、副词、名词二格等连用,表示主体因具有足够程度的该性质、特征或经历而能够实现 чтобы 从句所揭示的行为,从句中动词不定式用肯定形式。不过,值得注意的是,当主句中用 уже, и так уж 等来修饰 достаточно 时,都可表示足以不去做该行为或阻止该行为的发生,相当于 слишком много 或 слишком 的含义。试比较:

①Он **достаточно организован**, чтобы руководить большим предприятием. 他组织纪律性很强,能够领导一个大型企业。

②У него **достаточно денег**, чтобы отправиться в дорогое путешествие 他有足够的钱去做一次昂贵的旅行。

③Он уже **достаточно натерпелся** в жизни, чтобы получать ещё и новые удары судьбы. 他已经受够了生活的磨难,不能再经受命运的新的打击了。(= Он слишком много натерпелся в жизни,..)

④Я и так уж **достаточно много** сделал, чтобы брать ещё дополнительную нагрузку. 这我已经干得够多的了,不能再承担附加的工作量了。(= Я слишком много сделал,..)

许多情况下,слишком 与 достаточно 可以换用,即换一个说法,但相应地必须将 чтобы 从句中的动词的肯定或否定形式加以调整(即加否定词 не 或去掉否定词 не),或者用反义词替换与 слишком 或 достаточно 连用的词。试比较:

①Он **слишком благоразумен**, **чтобы** волноваться по пустякам. 他极有理智,不会为小事焦躁不安。

②Он **достаточно благоразумен**, **чтобы не** волноваться по пустякам. 他有足够的理智,不会为小事焦躁不安。

③Он **слишком воспитан**, **чтобы** опуститься до такого. 他很有教养,不会堕

落到这种地步。

④Он **достаточно воспитан**, **чтобы не** опуститься до такого. 他有良好的教养, 不致于堕落到这种地步。

⑤Он **слишком слаб**, **чтобы** выполнить это трудное задание. 他太弱了, 不能完成这项困难的任务。

⑥Он **достаточно силён**, **чтобы** выполнить это трудное задание. 他很有能力（很刚强）, 能够完成这项困难的任务。

⑦У него **слишком мало сил**, **чтобы** прокормить ещё и чужих детей. 他精力太少, 不能再同时养活别人的孩子。

⑧У него **достаточно сил**, **чтобы** прокормить и чужих детей. 他有足够的精力来同时养活别人的孩子。

17. так...как, так...(как) будто (словно) 与 (как) будто (словно)

这几组连接词都含有比较意味, 但使用上略有不同。

так...как 表示主句的行为和从属句的行为比较起来在程度上相当, 强调的主要是程度。如：

①Он всё сделал **так**, **как** учил его отец. 他一切都是按他父亲教的那样做的。

②Он старался говорить **так**, **как** говорят местные жители. 他尽量像当地人那样去讲话。

так...(как) будто (словно) 指通过形象的比较来说明主句行为发生的程度。试比较：

①Он общался со всеми **так**, (**как**) **будто** давно был знаком с ними. 他跟所有人交往都像跟老熟人似的。

②Он делал всё **так** быстро и ловко, **словно** всю жизнь занимался этим. 所有事他都做得又快又灵巧, 就好像这些事他已经干了一辈子似的。

(как) будто (словно) 通过一种比喻来单纯表示比较, 主句中不用指示词。从修辞上讲, (как) будто 多用于口语, словно 多用于书面语。

①На душе у меня стало радостно, **будто** снова наступила весна. 我心里又快乐起来, 好像春天又到了。

②Одиннадцать лет прошло, а я помню там всё, **как будто** выехал вчера. 11年过去了, 但我还记得那里的一切, 就好像是昨天才离开似的。

③Он смотрит на меня, **словно** я его враг. 他瞧我的样子就好像我是他的敌人似的。

18. так...что 与 так...чтобы

两组连接词都表示行为和状态或其特证所达到的程度。区别是：так...что 兼有结果意味，而 так...чтобы 兼有目的意味，因而两者不可互换。试比较：

①Он прочитал стихи **так, что** многие заплакали. 他的诗朗诵使好多人都哭了。

②Надо читать стихи **так, чтобы** они потрясли душу слушателей. 诗朗诵应该能震颤听众的心灵。

 Ⅱ. 句子的扩展

一个句子有了骨架之后,为了使其语义丰满,还须填加必要的成分。但这些成分不是随意就可以加上的,必须符合语法结构和语义搭配规则的要求。可以带扩展成分的词类主要有:名词、形容词、动词、数词、副词,其中尤以名词和动词的扩展成分最为多样,也较容易出错。

名词有一般事物性名词和动名词之分。两类名词所带扩展语是不相同的。一般事物性名词可以带定语和同位语,而动名词可以带补语和状语。但如果动名词转为一般事物性名词,则可以带定语或同位语。另外,名词不仅可以用名词来扩展,而且可以用动词不定式、形动词、副词以至整个限定从句来扩展。

动词有及物动词和非及物动词之分。及物动词可带表示行为客体的直接补语和间接补语,而非及物动词则只能带间接补语。另外,所有动词都可带状语。状语可以用来表示行为的时间、地点、原因、结果、目的等。动词不仅可以用名词充当其补语,由各类词或词组做其状语,而且还可以用整个说明从句、状语从句来扩展。

至于一个简单句和另一个(或几个)简单句结合成复合句的情况,在《大学俄语词汇语法精解》(修订本)或《大学俄语语法精编》(哈尔滨工业大学出版社)和本书中已有详解,此处不一一赘述。

 一、定语

1. 定语的表达

当我们要表示事物的性质或特征时,我们要给名词或名词化的词加上定语。定语回答 какой, который, чей 等问题。由与名词在性、数、格上一致的形容词、代词、形动词等充当的定语是一致定语,而与名词在性、数、格上没有一致关系的词所充当的定语叫非一致定语。非一致定语可以由不带前置词或带前置词的名词、物主代词(его, её, их)、形容词比较级、副词、动词不定式等充当。请比较:

(1) 一致定语

чистый город 干净的城市;

наше здание 我们的楼房;

вернувшийся(на Родину)специалист 回国专家;

неожиданный вопрос 突如其来的问题;

15

первая встреча 第一次见面。

（2）非一致定语

комната **родителей** 父母的房间；

юноша **высокого роста** 高个子青年；

вид **спорта** 运动(的)形式；

книга **с картинками** 带插图的书；

мастерская **по ремонту** 修理厂；

его роман 他的小说；

их рассказы **о жизни** 他们(讲)的生活故事；

упражнения **по математике** 数学练习题；

шкаф **для книг** 书橱；

квартира **из двух комнат** 两室的住宅；

новость **поважнее** 重要一些的新闻；

история **одна интереснее другой** 一个比一个更有趣的故事；

юбка **мини** 超短裙；

комната **напротив** 对面的房间；

(мечтать о) возможности **летать** по воздуху (幻想)有可能在空中飞翔；

необходимость **овладеть** несколькими иностранными языками 掌握几门外语的必要性。

2. 定语的独立

（1）一致定语在下列条件下独立

(a) 形动词短语、扩展的形容词位于主导词之后时一般独立，试比较：

① Правом на поступление в вуз пользуются все граждане, **имеющие законченное среднее образование.**（所有接受了完整的中等教育的公民均享有报考大学的权力。）

② — Молодец! — сказала старуха, **сидевшая рядом.**（"好样的！"坐在旁边的老妇人说。）

③ Он показал мне фотографию, **оставленную Тиберием.**（他把吉别里留下的照片拿给我看了。）

④ Это настоящий подвиг, **совершаемый нашими людьми.**（这是我们的人建立的真正功勋。）

⑤ В доме, **единственном по всей улице**, горел свет.（在整条街上唯一的一所房子里亮着灯。）

⑥Он быстро нашёл место, **удобное для рыбалки.** （他迅速地找到了适宜捕鱼的地方。）

非扩展的形容词在主导词之后连用两个或更多时，一般独立，试比较：

①Настала ночь, **лунная, ясная.** （夜晚降临了，月朗天晴。）

②1920 год. Поздняя осень. Москва, **тёмная и голодная**, собирала силы для решительного боя с врагом. （1920年。深秋。莫斯科城虽然一片黑暗和饥饿，但是它正在聚集力量准备同敌人进行决战。）

但如主导词（即被说明词）本身在意义上不能独立，即离开一致定语便不能表达必要的概念时，后置的一致定语（无论扩展还是不扩展）便不再独立。试比较：

①Вася был человек **немногословный.** （瓦夏是个不多说话的人。）[Вася был человек 不通]

②Ко мне вошёл молодой офицер с лицом **смуглым и некрасивым.** （进来找我的是一位面孔黝黑、相貌并不英俊的年轻军官。）[офицер с лицом 不能成立]

③Это была улыбка не обыкновенно добрая, широкая и мягкая. （这是非常善良、开朗、温和的笑容。）[说话者要表达的不是笑容本身，而是笑容的特点]

后置的两个（或更多）一致定语只有当主导词前还有一个一致定语时才必须独立，试比较：

①Мне нравится его спокойствие и **ровная** речь, **простая и ясная.** （我喜欢他的沉稳，他那平静、朴素并且清晰的语言。）

②С юности у неё были **свои страсти, большие и малые.** （自少年时代起，她就有自己的嗜好，大的和小的。）

注意：有时形容词及形动词短语可以与动词构成静词性合成谓语，这时便不再独立，试比较：

①Югай и Спирька Савчук **сидели хмурые** по углам и молчали. （尤盖和斯比尔卡·萨夫丘克忧郁地坐在角落里一言不发。）

②Отец **лежал разбитый параличом...** （父亲得了瘫痪症，卧床不起……）

（6）位于主导词前的一致定语在产生原因、让步等状语意义时，应独立，试比较：

①**Слишком большой по размеру, ватник** этот сидел на нём, как водолазная рубаха. （由于尺码太大，这件棉袄在他身上就像潜水衫。）

②**Тихий и обычно пустынный в рабочие часы**, посёлок был необычно оживлён. （尽管作工时间村子里很静、常常是空旷无人，可这会儿村子里却异常热闹。）

（в）当一致定语和主导词被句子其它成分隔断时,应独立,试比较:

①Люди собрались, **хмурые и недоверчивые.** （人们集合起来了,脸色忧郁,疑虑重重。）

②И мать, и сын дорогой молчали, **охваченные одним и тем же чувством уныния.** （路上母亲和儿子都一言不发,都被同一种沮丧的情感攫住了。）

（г）说明人称代词时,一致定语无论在前还是在后,都要独立,试比较:

①**Маленькая, празднично одетая,** она стояла передо мной. （娇小的、穿一身过节衣服的她,站在我的面前。）

②С деньгами всё твоё, с деньгами ты, **некрасивый**, будешь красавцем. （有钱就什么都是你的,有钱的话,你不美也会成个美男子。）

而说明不定代词（кто-то, кто-нибудь, что-то, что-нибудь 等）的一致定语往往与其共同表达一个事物,不再独立,试比较:

①**Что-то хорошее, приятное** ждет нас. （某种好的、使人愉快的东西正等待着我们。）

②Расскажите нам **что-нибудь интересное!** （给我们讲点什么有意思的事情吧！）

不过当强调不定代词（如 что-то）作为事物存在时,不定代词与一致定语要用逗号隔开,有时中间夹有其它成分,从而使一致定语独立,试比较:

①Игорь скрывает от нее что-то, **связанное с ссорой с Геннадием.** （伊果尔向她隐瞒了什么事情,是与根纳吉吵架有关的。）

②Он повернулся к Марте и что-то сказал ей, **очевидно важное.** （他向玛尔塔转过身去,向她讲了些什么,显然是重要的事情。）

（2）非一致定语在下列情况下独立

（а）当非一致定语在句中起到类似表语的作用时应当独立,试比较:

①Бригадиром была женщина, **лет сорока, по имени Татьяна Сергеевна.** （队长是个女的,大约40岁,名叫塔吉亚娜·谢尔盖耶夫娜。）

②На велосипеде подъехал к нам мужчина, **лет тридцати пяти, в рубашке, с засученными рукавами.** （骑自行车向我们走近的是一个男人,大约35岁,穿一件衬衫,袖子卷了上去。）

（б）非一致定语与独立一致定语共同使用时,也要独立,无论非一致定语在独立一致定语前面还是后面,试比较:

①Отец, **худой, с молодым лицом и седыми висками,** взял Мишука за руку и повел в дом. （父亲很瘦,脸很年轻但两鬓已白,抓起米舒卡的手便领进了家。）

②Танкисты, **в замасленных комбинезонах, потные...** стояли в башнях. (坦克手们,身穿油污的连衫裤,满脸是汗,站在炮塔里。)

(в)人称代词与专有名词所带的非一致定语要独立,试比较:

①И весь он, **в рубахе**, распахнутой на груди, был как дуб. (他穿着衬衫,敞着怀,整个人像一棵橡树。)

②Через минуту Иван Маркович и Саша, **в пальто и в шапках**, спускаются вниз по лестнице. (过了一会儿,伊万·马尔科维奇和萨沙,穿着大衣、戴着帽子,从楼梯上走下来。)

(г)由形容词比较级或动词不定式充当的非一致定语,在主导词前已有一致定语的情况下要独立,试比较:

①Молодой человек вскочил на ноги, но **другой** офицер, **постарше**, остановил его движением руки. (年轻人跳起身来,但另一个军官,稍年长一些的,用手势阻止了他。)

②Недаром он говорил, что в жизни есть только **одно несомненное счастье — жить для другого.** (他并没有白说,在生活中只有一个无须怀疑的幸福,那就是为别人活着。)

二、同位语

1. 同位语的意义和表达法

同位语的作用相当于定语,由名词充当,一般与被说明词同格。

(1)同位语可以表达各类事物的名称,如:

газета **«Известия»** (消息报)

балет **«Лебединое озеро»** (芭蕾舞《天鹅湖》)

издательство **«Знание»** (《知识》出版社)

Озеро **Байкал** (贝加尔湖)

река **Нева** (涅瓦河)

город **Москва** (莫斯科城)

注意:表示地理名称的同位语不必用引号,而其它事物所带的同位语应带引号。

(2)同位语可以表达各类事物的性质、特征及状况,试比较:

рабочий-**передовик** (先进工人)

студент-**отличник** (优秀大学生)

цветок-**огонёк**（火苗一样的花朵）

лампа-**молния**（闪光灯）

смотр-конкурс（观摩比赛）

женщина-врач（女医生）

преподаватель-**иностранец**（外籍教师）

注意：同位语与被说明的名词均为普通名词时，其间应加连字符。表地名的专有名词在前时，也应加连字符，试比较：Байкал-озеро（贝尔加湖），Москва-река（莫斯科河）等。

但当两者具有种属关系时，可不用连字符，试比较：месяц январь（一月份），дерево липа（椴树），птица жаворонок（百灵鸟）等。

上述(1)、(2)中同位语除带引号者外均应与被说明词同时变化，试比较：

①Сашиным **сестрам-близнецам** исполнился год.（萨沙的双胞胎妹妹满周岁了。）

②Мы увидели двух **рабочих-татар**.（我们见到了两个鞑靼工人。）

③— У меня есть лишний билет в большой театр. Пойдём со мной? — На какую вещь? — На **оперу «Пиковая дама»**.（"我有一张大剧院的多余的票。跟我一起去吗？""看什么节目？""看歌剧《黑桃皇后》。"）

④— Ты откуда? — Из **магазина «Подарки»**.（"你从哪儿来？""从礼品商店来。"）

但当带引号的同位语单独使用时，它应按普通名词一样使用，即应有格的变化。试比较：

①— На какую вещь? — На **«Пиковую даму»**.

②［У газетного киоска］— Мне **«Правду»**, **«Известия»** и **«Комсомолку»**, пожалуйста.（在报亭）"请给我一张真理报、一张消息报、一张共青团报。"

(3) 由 как 引导的同位语表示事物的作用或性质，同位语要与被说明词同时变格，试比较：

①Без Чехова меня бы просто не было **как режиссёра**!（没有契诃夫简直就不可能有我这个导演了。）

②Главный инженер расценил его **слова как поддержку**.（总工程师把他的话看作是一种支持。）

(4) 人名、动物名作为专有名词，在普通名词后时应看作同位语，如：девочка **Оля**（奥丽娅姑娘），моя соседка **Петренко**（我的邻居彼特莲卡），собака **Шурик**（小狗舒里克）等。这类同位语应与被说明语同时变格，如：У выхода он столкнул-

ся с **председателем месткома Григорьевым.**（在出口处他碰见了工会委员会主席戈理果里耶夫。）

人名、动物名还可用在"...по имени...","...по прозвищу...", "...под названием...", "...под именем...", "...по кличке..."等结构中,这时它们作为同位语则不变格,试比较：увидеть девушку **по имени Оля**（看见一位名叫奥丽娅的姑娘）, узнать **старика по прозвищу Щукарь**（认出绰号修卡里的老头儿）, поехать **в страну под названием Танзания**（到国名为坦桑尼亚的国家去）, взять с собой **собаку по кличке Шурик**（随身带上名叫舒里克的狗）等。

2. 同位语的独立

同位语在下列情况下独立：

(1)当同位语位于主导词后面,起到补充的确切说明作用时,要独立。此类同位语往往表示事物的特征,人的姓名、性别、年龄、民族、职业、身份及社会地位等情况。试比较：

①Ультрафеолетовые излучения, идущие от солнца, создают так называемую ионосферу — **заряженную газовую оболочку в атмосфере Земли.**（太阳发出的紫外线辐射形成所谓电离层即地球空气中的带电气体层。）

②На катке я часто встречал подругу моей сестры Гали — **Марусю Весницкую, гимназистку.**（在溜冰场,我经常遇到我姐姐嘉丽娅的女友玛露霞·维斯尼茨卡娅,一位女中学生。）

③Мать его, **парижанка родом, добрая и умная женщина**, выучила его по-французски.（他的母亲是巴黎生人,是一位善良而聪明的女人,她教会了他讲法语。）

(2)当同位语取得原因、让步等状语意义时,要独立,试比较：

①**Прекрасный врач**, Чехов заботливо и умело лечил людей.（因为是一个极好的医生,契诃夫用心地、巧妙地为人们治病。）［原因意义］

②**Крестьянский сын из-под Ростова**, Варганов окончил институт истории искусства, а также Академию художеств.（瓦尔甘诺夫虽然是从罗斯托夫附近来的农民的儿子,但他读完了艺术史学院,又毕业于美术学院。）［让步意义］

(3)同位语说明人称代词或者在专有名词之后时,要独立［同位语在专有名词之前须取得状语意义方可独立,参见前(2)］。这时,有些句中同位语表示确切意义,有些句子带有原因、让步等意义。试比较：

①**Мы, охотники**, счастье свое находим у огня.（我们这些猎人是在火旁边寻找自己的幸福的。）

②**Счастливчики**, они толково проведут ночку.（他们是幸运儿嘛，这一夜会过得有条有理的。）

③Ему помогал торговать **Алексей — ленивый, грубый парень.**（帮他做买卖的是阿列克塞，一个又懒又粗鲁的小伙子。）

(4)带 как 的同位语，当具有原因意义时，可以独立，试比较：

①Ты должен, **как секретарь партии на базе**, заниматься такой работой.［你(作为)因为是基地上党的书记，就应该做这样的工作。］

②**Как врач и друг**, она не нашла возможным сказать всё.［（因为是）作为医生和朋友，她认为不能把什么都讲出来。］

③Всё это я рассказываю вам, **как писателю.**（所有这一切我都讲给您听，因为您是作家嘛 。）

带 по имени, по фамилии, по прозвищу, родом 等的同位语具有补充确切意义时，可以独立，试比较：

①Отправился я с...другим крестьянином, **по имени Егор**, на охоту.（我和另一位名叫叶果尔的农民出发去打猎。）

②Это был его сверстник, **по прозвищу Рудня**, крестьянин соседнего села.（这是他的同龄人，绰号叫鲁德尼亚，是邻村的农民。）

注意：带 как 的同位语应与其所说明的名词或人称代词同格，而带 по имени, по фамилии, по прозвищу, родом 等的同位语永远用第一格形式。

三、补语

补语表示行为、状态、特征等所涉及的客体，补语可以由名词、代词、名词化的形容词及形动词、数词、动词不定式和各类词组充当，可以带补语的有动词、名词、形容词、副词和状态词等。

1. 动词所带的补语

动词所带的补语分为直接补语和间接补语。

(1)直接补语

直接补语由不带前置词的名词（或相当于名词的其它词）第四格形式充当。当表示行为所涉及的部分客体或一定数量意义时名词用第二格形式也看作是直接补语。另外，当及物动词被否定时，名词可能转用二格形式，这时，该二格形式仍是直接补语。试比较：

①— Будьте добры, покажите мне эту **авторучку.** — За десять рублей? —

Да, хочу сделать **подарок.** — Если в подарок, посмотрите вот эту. ("劳驾，请给我看看这支自来水笔。""十卢布一支的吗？""是的，想送礼。""要是作礼品的话，请看看这支吧。")

② — Слушай, надо взять **что-нибудь** на ужин... — Возьми в магазине **сыру, колбасы.** — Кстати, купи еще **масла.** ("哎，该买点什么做晚饭了……""到商店买点干酪、灌肠吧，""正好，再买点黄油。")

③ Мы приехали в Петровское ночью, и я спал так крепко, что не видел **ни дома, ни березовой аллеи и никого** из домашних. (我们是夜里来到彼得洛夫斯科耶的，当时我睡得很实，根本没有看到房子、白桦树林荫道，家里人也一个没见到。)

④ Никто не обращал на них **внимания.** (谁也没有注意他们。)

注意：能要求不带前置词的名词第四格作直接补语的还有某些状态词，试比较：Мне жаль (жалко) **сестру,** жаль ее **утраченной радости.** (我可怜妹妹，为她失去的欢乐感到惋惜。)这里，与 жаль，жалко 连用的若是抽象名词，应用第二格，也应看作是直接补语。

另外，当行为客体由前置词 по 加名词三格形式表达时，该 "по + 名词三格" 应看作是直接补语，试比较：Ну, берите каждая **по тряпке** и идемте пол мыть. (喂，你们每人拿一块抹布，咱们去擦洗地板。)

（2）间接补语

间接补语即除直接补语之外的其它所有补语。间接补语可以由不带前置词和带前置词的名词间接格形式、动词不定式充当。试比较：

① Таких блестящих **результатов** он добился упорным трудом. (这样辉煌的成果是他通过艰苦的劳动获得的。)

② **Ему** пошел восемнадцатый год. (他已过 17 岁。)

③ Мальчик пошел на море ловить **удочкой** рыбу. (男孩去海边用钓竿钓鱼。)

④ Закон неуничтожаемости материи и движения был открыт великим русским **ученым Михаилом Васильевичем Ломоносовым.** (物质不灭定律和运动规律是由伟大的俄国科学家米哈依尔·瓦西里耶维奇·罗蒙诺索夫发现的。)

⑤ Будет ли для нас учеба только трудом или приятным трудом — во многом зависит **от нас самих: от вашей любознательности, активности, настойчивости.** (学习对于我们来说仅是一种劳动呢，还是一种愉快的劳动，在很大程度上取决于我们自己，即取决于我们的求知欲、积极性和坚定性。)

⑥Николай рассказывал **мне о вас.**（尼古拉给我讲了您的情况。）

⑦Я тебя сейчас познакомлю **со своим приятелем.**（我现在就向你介绍我的朋友。）

⑧Партия учит трезво **оценивать** достигнутое.（党教导要清醒地估价已经取得的成果。）

⑨Он быстро научился **играть** на скрипке.（他很快就学会了拉小提琴。）

⑩Мы договорились **встретиться** завтра.（我们约定明天见面。）

动词不定式作补语，关键在于它表示客体意义，注意区别作其它句子成分的动词不定式，试比较：

①Он хотел **слышать** всех.（他想听到所有人的话。）[слышать 作动词性合成谓语的一部分。]

②Желание **учиться** никогда не покидало его.（他始终没有失去学习的愿望。）[учиться 作非一致定语，修饰 желание.]

③Я пришел **ловить** рыбу.（我是来钓鱼的。）[ловить 与运动动词连用表示目的，作目的状语。]

2. 其它词类所带的补语

其它词类即名词、形容词、副词及部分状态词所带补语统称"补语"，不再有直接补语与间接补语之分。

（1）动名词

名词中能带补语的主要是动名词，动名词所带补语的格（带或不带前置词）可能与相应的动词要求的相同，试比较：

жажда（жаждать）счастья（渴望幸福）；

помощь（помогать）школе（帮助学校）；

владение（владеть）языком（掌握语言）；

увлечение（увлекаться）музыкой（迷恋音乐）；

отказ（отказаться）от приглашения（拒绝邀请）；

стремление（стремиться）к знаниям（竭力追求知识）；

подготовка（подготовить）к экзаменам（准备应考）；

работа（работать）над книгой（著书）.

不同的情况是：

(a)由及物动词所构成的动名词，其客体补语应改用二格，试比较：

①завоевать **Арктику**（征服北极地带）→завоевание **Арктики;**

②проверить **решение**（对决议进行审查）→проверка **решения;**

③спасти **жизнь** больному(挽救病人的生命)→спасение **жизни** больному；
④присвоить **звание** ученому (向科学家授衔)→присвоение **звания** ученому.
当此类词组中出现主体时,表示主体的名词用五格形式(也看作补语),试比较：
①завоевание Антарктики **человечеством**(人类征服南极地带)；
②проверка тетрадей **учителем**(教师批阅作业本)。
注意:当与动名词连用的名词二格形式表示行为主体时,表示行为主体的名词应看作非一致定语,试比较：
①Послышалось пение **птиц**. (听到了鸟的叫声。)
②Объяснение **преподавателя** понятно всем студентам. (所有学生都明白老师的讲解。)
(6)某些表示思想感情的动词在构成动名词后,要求加前置词 к 的补语,试比较：
①доверять **товарищу**(信任同志)→доверие **к товарищу**；
②завидовать **успехам** друга[(羡慕)忌妒朋友的成绩]→зависть **к успехам** друга；
③любить **родину**（爱家乡）→любовь **к родине**；
④ненавидеть **ложь**（痛恨谎言）→ненависть **ко лжи**；
⑤уважать **родителей**（尊敬父母）→уважение **к родителям**；
⑥презирать **смерть**（蔑视死亡）→презрение **к смерти**；
⑦сочувствовать **товарищу**（同情同志）→сочувствие **к товарищу.**
(2)形容词
某些形容词可以要求一定格形式的名词做补语,试比较：
достойный уважения(值得尊敬的)；
полный веры(充满信心的)；
верный своему слову(忠于自己诺言的)；
больной гриппом(患流感的)；
знакомый с работой(熟悉工作的).
性质形容词比较级形式所要求的名词二格形式也看作补语,试比较：
①Ведь поверхность Тихого океана в три раза **больше поверхности** континентов и островов. (要知道太平洋的表面积是大陆和岛屿表面积的三倍。)
②Это решение **проще всех других (решений).** (这个解决办法比所有其它的解决办法都简便。)

(3) 副词和状态词

副词和状态词中一部分可以带补语,副词如:рядом с (кем, чем), далеко от (кого, чего)等,状态词如:стыдно за (кого) 为……感到耻辱, надо (кого-что) 需要……, жаль (кого-чего 或接不定式) 可怜……;吝惜、舍不得等。试比较:

① Ирина шла теперь **рядом с ним**, не нарушая молчания. (依丽娜现在正走在他的身旁,并不打破沉默。)

② Домик, в который он привёл меня, стоял **недалеко от реки**. (他引我进去的那所房子,座落在离河不远的地方。)

③ Мне стыдно **за вас**. (我为您感到耻辱。)

④ Мне жаль **отдавать** ему эту книгу. (我舍不得还他这本书。)

3. 某些起补语作用的前置词结构的独立

某些起补语作用的前置词结构可以独立,如:кроме (кого, чего)[除了……], вместо (кого, чего)[替代], помимо (кого, чего)[除了], за исключением (кого, чего)[除……之外], исключая (кого, что)[除……之外], сверх (чего)[除……之外] включая (кого, что)[包括……在内], не считая (кого, чего)[不算……]等。试比较:

① Этим никто не занимается, **кроме него**. (这事除他之外谁也不干。)

② «Старик» чувствовал, что все эти простые люди уважают и любят его, **за исключением**, может быть, **одного Луки**. ("老头儿"感到,大概除了一个鲁卡之外,所有这些普通人都是尊敬和爱戴他的。)

③ Толпа разошлась, **исключая немногих любопытных и мальчишек**. (除了少数看热闹的人和小孩子外,人群都散去了。)

④ **Сверх всяких ожиданий**, весь октябрь стояла сухая и тёплая погода. (出乎一切意料之外,整个十月天气干燥而且温暖。)

⑤ Весь **материал, включая дневники путешественников**, тщательно изучается. (整个材料,包括旅行者日记,都细心地研究。)

不过,前置词 кроме, вместо 等,当只与单个的名词(或代词)连用(即不够扩展)而说话者又不强调时,也可以不独立,试比较:

① **Вместо тебя** сделаю я. (由我来替你做。)

② **Кроме учителей** на экзамене был директор школы. (除教师之外,考试时校长也在。)

1. 状语的类型

状语表示行为或状态发生的时间、地点、原因、条件、目的、程度等情况。状语常由副词、名词(带前置词或不带前置词)间接格形式、动词不定式、副动词以及各类词组充当。可以带状语的通常是动词、副词、形容词。状语一般按意义分类,即表示什么意义便是什么状语。这样,状语可以有:

(1)时间状语

①А **через несколько дней** Советская Армия освободила эти края. (而过了不几天,苏联军队便解放了这些地区。)

②Как и мой отец, он строитель. Строит жилые дома, а **вечерами** учится в институте. (他像我父亲一样,是个建筑工人。他建造住房,而每晚在学院里学习。)

③**С тех пор** он не расстаётся с машиной. (从此他便没离开过机器。)

④**До окончания десятилетки** Василий Ярцев собирался стать столяром. (在十年制中学毕业之前瓦西里·雅尔采夫准备当细木工来着。)

时间状语回答 когда、с каких пор(从何时起)、до каких пор(到何时止)等问题。

(2)地点状语

①**Тут** строят дом. (这里正在建房子。)

②**На почте** можно подписаться на газеты и журналы. (在邮局可以订报纸和杂志。)

③Вам придется поехать в командировку в **Волгоград, на автомобильный завод.** (您得去伏尔加格勒、到小汽车厂出趟差。)

④**Со второго этажа** спускался Ваня. (从二楼下来了瓦尼亚。)

地点状语回答 где、куда、откуда 等问题。

(3)原因状语

①И все **почему-то** вздохнули. (所有人都不知为什么叹了口气。)

②**Благодаря хорошей погоде** урожай был убран быстро. (由于天气好,庄稼收得很快。)

③Собаки очень часто лают **от страха. Не от злобы**, а от страха. (狗很多时候是由于恐惧才叫。不是出于凶恨,而是出于恐惧。)

④Он только **из деликатности** не говорил ей об этом. (他只是出于客气才没有对她讲这事儿。)

⑤Идти с Васей в музей, как они договорились вчера, **из-за дождя и плохого настроения** не хотелось. (由于下雨和心情不好，他就不想和瓦夏像昨天他们商定的那样去博物馆了。)

原因状语回答 почему、отчего(由于什么)、вследствие чего(因为什么)、зачем、по какой причине(由于什么原因)等问题。

(4) 条件状语

①Ни одна даже счастливая и дружная семья не может прожить **без споров**. (任何一个，甚至连幸福和睦的家庭过日子也会有争论的。)

②В больнице больному окажут нужную медицинскую помощь, **в случае необходимости** сделают операцию. (在医院里会给予病人以需要的医疗救治，在必要的情况下会给他做手术。)

③**При необходимости** медсестра сделает больному укол, даст лекарство... (必要的情况下护士会给病人打针吃药……)

条件状语回答 при каком условии(在什么条件下)，в каком случае(在什么情况下)的问题。

(5) 目的状语

①Всё, что нужно человеку **для жизни**, природа не даст ему даром. (人为了生存而需要的一切，大自然是不会白白送上的。)

②— Ты зачем здесь? — Я **за рубашкой и галстуком.** ("你怎么在这儿？""我要买衬衫和领带。")

③— Ты что тут делаешь? — Пришел **купить** себе новый костюм. ("你在这儿干什么？""来为自己买一套新衣服。")

目的状语回答 для чего, зачем, с какой целью 的问题。

(6) 程度状语

①Мне **очень** нравится ваш город. (我很喜欢你们的城市。)

②Батурин выглядел **крайне усталым.** (巴杜林看上去极端疲倦。)

③День **на редкость** хороший. (天特别地好。)

程度状语回答 до какой степени(到什么程度)，в какой степени(在多大程度上)的问题。

(7) 度量状语

①Преподаватель объяснял это правило **несколько минут.** (这个规则教师

讲了几分钟。）

②**Пьер** не ел **целый день.**（皮埃尔一整天没有吃东西。）

③**За лето** она похудела.（一夏天她就瘦了。）

④Предстоит **два с половиной раза** повысить производительность труда.（需要将劳动生产率提高一倍半。）

⑤В этот день **проехали тысячу километров.**（这一天走了一千公里。）

⑥— У тебя был вечера Виктор? — Да, он заходил ко мне **на полчаса.**（"维克多昨天到过你那儿吗？""是啊，他来我这儿待了半小时。"）

度量状语回答 сколько времени（多长时间）、как долго（多久）、за сколько времени（за какой срок）（用多长时间）、на какое время（为期多长）、во сколько раз（多少倍）、сколько километров（метров…）[多少公里（米……）等问题。

（8）行为方式状语

①Не ешь **так быстро.**（不要吃这么快。）

②Он так ослаб, что **с трудом** оделся.（他身体很弱，好不容易才穿上衣服。）

③Он **молча** вошел в избу.（他一言不发地走进了木屋。）

④Доватор долго сидел **не двигаясь.**（多瓦托尔一动不动地坐了好长时间。）

⑤…предлагали встретить Воскобойникова **всей фабрикой, с хлебом и солью.**（……建议全厂出动欢迎并盛情款待沃斯科波依尼科夫。）

行为方式状语回答 как、каким образом（用什么方式）的问题。

（9）让步状语

①**Несмотря на плохое самочувствие**, врач решил сделать сам себе операцию.（尽管自我感觉很不好，医生还是决定自己为自己做手术。）

②**Несмотря на свои сорок восемь лет и седину** он выглядел молодым человеком.（他尽管已48岁，一头白发，但看上去像个年轻人。）

③**Вопреки всему** надо крепко держать себя в руках.（不管出了什么事情，都要牢牢地控制住自己。）

④**При всём моём желании** я не смогу закончить эту работу в срок.（虽然我非常想，但却不能够按期完成这项工作。）

让步状语回答 несмотря на что（尽管怎么的）、вопреки чему（不管怎么的）的问题。

2. 状语的独立

副动词、副动词短语、某些前置词结构充当的状语可以独立；有时，副词根据需要也可以独立。

（1）副动词和副动词短语在具有次要行为意义时应当独立，无论其位置在动词谓语前还是后。试比较：

①**Возвращаясь домой поздней ночью**, я всегда заставал в ее окне свет.（每当我深夜回家的时候，我总是看见她屋子窗户里亮着灯。）

②Лермонтов вошел, **не постучавшись.**（莱蒙托夫没有敲门便进来了。）

③**Держа руку в кармане**, я нащупал бумажку и, **рассмотрев ее**, увидел, что это старый билет в кино.（我把手放在兜里的时候，摸到一张小纸片，我仔细一看，发现原来这是一张旧电影票。）

④Друзья стоят, **положив друг другу руки на плечи**, и молча смотрят в глаза.（两个朋友都把双手放在对方的肩上，站着，默默地望着对方的眼睛。）

⑤Мы сидели под березой четыре часа, **отдыхая и наслаждаясь отдыхом.**（我们在白桦树下坐了四个钟头，休息着并且充分享受着休息的快乐。）

副动词和副动词短语，许多情况下可以相当于主从复合句，并且可以互换。

（2）副动词和副动词短语下列条件下不独立：

（а）作用相当于副词，表示行为的方式方法，与动词结合紧密，形成一个语义段。试比较：

①Доватор долго **сидел не двигаясь.**（多瓦托尔一动不动地坐了很长时间。）

②А про жизнь семьи она **говорила посмеиваясь**, ……（而有关家庭生活她是讲一阵笑一阵。）

③— Оля, я тебя не понимаю, — сказала Маша **волнуясь.**）"奥丽娅，我不明白你的话。"玛莎激动地说。）

④Левитан **ходил тяжело опираясь на палку**, задыхался, всем говорил о близкой **смерти.**（列维丹艰难地拄着拐杖走路，气喘吁吁，跟谁都讲自己快死了。）

（б）与副词构成同等成分时一般不独立，试比较：

①На рапорте он **размашисто и не задумываясь** написал резолюцию синим карандашом.（他毫不犹豫地用蓝铅笔在报告上大大地写下了批语。）

②**Спокойно и не торопясь** Лятьевский прилёг на кровать, закинул за голову руки.（里亚切夫斯基平静地、不慌不忙地躺倒在床上，将两手枕在头下。）

（в）已转化为副词的副动词或已成为固定词组的副动词短语便不再独立，这类副动词和副动词短语有：не спеша（不慌不忙地），стоя（站立着），молча（默默地），шутя（不费力地），лёжа（躺着），сидя（坐着），крадучись（悄悄地）；сломя голову（拼命地），сложа руки（闲着），спустя рукава（马马虎虎），засучив рукава（鼓

起劲来),не переводя духа(一口气地),не покладая рук(不住手地)等。试比较:

①Громко стуча сапогами, вошел Сергей и **молча** поставил на стол еду. (一路靴子山响,谢尔盖走进来,一声不响地把食物放在桌子上。)

②Нам не к лицу сидеть **сложа руки** и вздыхать. (闲坐着长吁短叹对我们不合适。)

③Вся команда чинит паруса **не покладая рук.** (全体船员在不住手地修补着船帆。)

(3)某些前置词结构可以独立。其中,表示让步意义的несмотря на...(尽管、虽然)永远独立。试比较:

①Прошло полчаса. **Несмотря на все мои старания**, я никак не мог заснуть. (半小时过去了。不管我怎么努力,就是无法入睡。)

②**Несмотря на поздний час**, гости не расходились. (尽管天色已晚,但客人们还没散去。)

下列前置词结构可独立也可不独立,扩展的程度越大即结构越复杂,独立的可能性越大;其位置越接近句首,独立的必要性越大。当其位于句末或说话者不十分强调时可不独立。

这类前置词结构有:

(а)表示原因意义的:благодаря (чему)[由于……,多亏……],согласно (чему)[依照],ввиду (чего)[因为],вследствие (чего)[因为],в силу (чего)[由于,因为],по причине (чего)[由于……的原因],по случаю (чего)[因为],за неимением (чего)[由于缺少……]等。

(б)表示条件意义的:при наличии (чего)[在有……的条件下],при отсутствии (чего)[在缺少……的情况下],при условии (чего)[在……的条件下],в случае (чего)[如果发生……时]等。

(в)表示让步意义的,вопреки (чему)[与……相反,不管],невзирая на (что)[不管,不顾]等。

试比较:

①Вредители фруктовых деревьев, **благодаря своевременно принятым мерам**, были быстро уничтожены. [果树的害虫,由于(多亏)及时采取措施,被迅速地消灭了。]

②**Согласно решению общего собрания**, все учащиеся приняли участие в озеленении школьного двора. (根据全体大会决议,所有学生都参加了绿化校园劳动。)

③Однако этот вывод справедлив **лишь в случае отсутствия сил сопротивления движения.** (但是这个结论只有在缺少运动阻力的条件下才成立。)(此例中前置词结构在句末而不独立。]

④Более слабая футбольная команда, **вопреки ожидания зрителей**, одержала победу. (弱一些的足球队, 出乎观众的意料, 倒取得了胜利。)

（4）有时, 在说话特别强调的情况下, 副词、一般的前置词结构等也可以独立, 试比较：

①Нечаев переводил его вопросы их спутнице, и она отвечала — **кратко, неохотно и равнодушно.** (涅恰耶夫把他的问题译给他们同路的女人, 她回答了, 但很简短, 很勉强, 也很冷淡。)

②И она снова рассмеялась, **щедро, почти до слёз.** (于是她又大笑起来, 笑得很厉害, 几乎笑出眼泪来。)

Ⅲ. 写作中的承上省略、代换和词序调整

任何一篇作文都是一篇连贯言语。连贯言语中的各个句子都不是孤立的,其间无论在意义上还是在结构上都会有一定的联系。初学俄语写作者常发生的疑问是:一个句子写完之后第二个句子怎么接着往下写？我们说,除了语义衔接之外,特别要注意的就是结构上(词序)的调整,其中不可避免地要出现承上省略和代换。承上省略主要出现在问答句的答句中和复合句两个分句的后一分句中。代换主要发生在前后两个句子的后句中和复合句两个分句的后一分句中。

一、承上省略

承上省略的规律是:后文中不重复前文的已知部分。但这类省略不都是全部省略,许多时候还可以是部分省略。

全部省略一般发生在对话中,例如:

①［Часовников］Чем я приболел?

　　［Задорнов］Гриппом.［省略 Ты приболел］

②［Преподаватель］Как вас зовут?

　　［Надя］Надежда.［省略 Меня зовут］

部分省略发生在上下文中和复合句中,试比较:

①**Друзей** у него не было. **Одни**, по его мнению, оказались фальшивыми, **других** он просто забраковал, от **третьих** лучше всего быть подальше.

②С тех пор прошло больше тридцати лет. Много раз Валентин Пенегин бывал на разных концертах. **Много хороших песен** слышал и давно уже относился к настоящим песням, как к самой красивой правде о душе человеческой. Но **эта**, про ямщика, всё с той же, прежней силой тревожила душу.

③**Люди получше** любили его, **похуже** — боялись.

④**Быки у них** — замечательные, **самый маленький** — вчетверо больше нашего.

注意,下面这几个对话中的黑体部分都是应该省略的。试比较:

① — Откуда приехали эти зарубежные гости?

　— **Они приехали** из Японии.［应省略 Они приехали］

②— Как жили трудящиеся в старом Китае?

— **В старом Китае трудящиеся жили** очень плохо. [应省略 В старом Китае трудящиеся жили]

③— Саша часто вспоминает своих школьных друзей. Вы, наверное, тоже?

— Да, я тоже **часто вспоминаю своих школьных друзей.** [应省略 часто вспоминаю своих школьных друзей]

④— Есть ли у нее брат и сестра?

— Да, **у нее** есть **брат и сестра.** [应省略 у нее, брат и сестра]

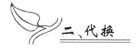

二、代换

为了使语句简洁流畅，避免重复、罗嗦，在不发生误解或歧义的情况下，前文中的名词在后句中需要重复出现时，有时应将其用代词或副词代换。例如：

①Потом вышла **Тамара. Она**, должно быть, подкрасила губы и попудрилась.

②Я всюду искал **страдание. Оно** мне было нужно больше радости.

③Мы незаметно пошли к выходу. Назимов не доверял своим глазам и шел по телефонному **проводу. Его** он протянул для верности.

④Миша остался с **Марией Францевой.** При **ней** он окончил школу и академию, стал художником и теперь жил со старушкой в новом доме в Лесном.

⑤Там, на большом белом стенде, виднелись археологические **находки** X. века. От **них** и стала говорить Елена Васильевна.

⑥Томилин лениво припомнил разговоры с **Дубовым. Тот** говорил о дружбе в армии, как о самой счастливой поре своей жизни.

⑦Женщина в синем халате... налила воды и подала **Марии Ивановне. Та** запила таблетку.

⑧— Давай, давай! — закричал он... **парням. Те** заработали быстрее.

⑨Тем более у них, то есть у Томары с мужем постоянно **гости. И все** народ отборный.

⑩Перед приездом в Москву капитан был начальником **Мариупольского порта. Там** он... установил суровые корабельные порядки.

⑪... в защищенном от снарядов месте, находился **пункт первой помощи.**

Оттуда Крамин в бессознательном состоянии был переправлен через Неву.

⑫Верочка подставила **тазик. Туда** с сухим стуком упал осколок.

⑬Василий и его разведчики после задания выспались и отдохнули **в полку. Здесь** их поджидал Голощапов.

这里,人称代词 он,она,оно,они 和指示代词 тот,та,то,те 在代换前句中性形式相同表人名词时有一定分工。人称代词代换前文中的主语表人名词,而指示代词代换前句中的补语表人名词。特别当前句中的主语和补语在后句中均被用代词代换的情况下分工更为明确。试比较:

①После полудня **Острецов** заехал к **отцу Ипполиту. Тот** встретил **его** как самого дорогого гостя.

②В Пустополье они распрощались. **Марина** пошла в школу, разыскала **Ольгу Ивановну Аникину**, и **та** проводила **ее** в маленькую комнатушку рядом с учительской.

注意:

(1) 当前文中有两个或两个以上(性形式相同或不同的)名词,如用代词代换其中之一易造成误解或歧义时应将用作表述出发点的名词重新使用或将指称同一人或事物的几个词交替使用。如:

①У выхода **он** столкнулся с председателем месткома **Григорьевым.** Запыхавшись, **Григорьев** нес ему документы. [此句中如用 он 代换 Григорьев,则易理解为相反的情况。]

②Когда **отец Ипполит** пошел в церковь, там уже собралось много **людей. Люди** пришли просить у бога помощи. [此句中如用 они 代换 люди,那么就易理解为连 отец Ипполит 也包括在内。]

③До революции **старик** был **сторожем** Англо-Индийского **телеграфа.** Теперь от этого **телеграфа** в степи торчала только вереница невысоких чугунных столбов. [此句中如用 он 代换 телеграф,就难以弄清是前面哪个人或事物。]

④**Михаил Максимович Трофимов** получил квартиру три года назад...

Работал **Трофимов** помощником бригадира на судоремонтном, очень далеко от нового места жительства...

Дочь прошла в ванную... Слышно было, как она стучала зубной щеткой о зубы. **Михаил Максимыч** вздохнул и стал собираться. [此段中分别用全称、姓和名字及父称来称呼同一个人。]

⑤А еще Фотька любовался **Зиной**, и она, кажется, это замечала. В дело не в дело просил он её поправлять подушки... По утрам **девушка** первой появлялась в палате и всегда подходила сначала к Фотьке. [此段中用 Зина 和 девушка 指称同一个人。]

(2)以前文中动词、形容词等作为后句表述出发点时，一般可以重新使用该词，不过许多时候为表达细微语义差别的需要，可以用同根词，同义或近义词来表达同一行为、状态或特征。试比较：

①Отец Никанор привстал, подложив подушку под спину, и стал молча **читать** книгу. **Читал** он долго.

②У него было четыре жены. Все они, по его словам, **ушли** от него. **Уходили** они странно. [前句 ушли (完成体) 表示行为完成, 后句 уходили 用未完成体强调行为方式。]

③Павлуша с малых лет **мечтал** стать военным. Эта **мечта** родилась с песней «А пропорщик юный со взводом пехоты старается знамя полка отстоять...»

④В полдень 5 мая мы **прибыли** в Евстратовку. Наш **приход** сюда даже не заметили.

⑤**Спокойная** русская женщина, серые глаза, полные добрые губы... **Спокойной** она вовсе не была, просто умела держаться.

⑥Старшая сестра Фаина тоже находила Супругова **загадочным.** Но не отталкивающим. О нет! Именно эта **загадочность** увлекла Фаину.

⑦Как всегда, почти достигнутая цель разочаровала его. Она делалась **случайно.** А всё **случайное** капитан считал непрочным.

⑧И ему **хотелось** заявить о своих заслугах, дать понять, что в коллективе он что-то весит. Это **желание** было сильно.

⑨Из Варшавы Савников **уехал** в Прагу, встретился там с группой русских... и **отправился** в Лондон. Все эти **поездки** утомили его.

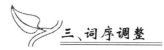

三、词序调整

作文属于笔语写作形式之一，同时也是一种连贯言语。笔语与口语的不同点，除了用语和语法结构可能有些不同之外，还表现为词序有自己的一定规律。笔语不能像口头言语那样想到什么说什么。如果把一篇口头即席发言一字不差地记录下来而不做全篇加工,也不剔除其中重复的词、词不达意的部分和说话者语流中自行修正的部分,是很难称之为好文章的。口语中主要须注意逻辑重音和语调以及停顿,而词序则显得不那么重要。但笔语写作一定要推敲,其中很重要的程序之一就是句子的词序安排和调整。

有人说,俄语词序灵活,只要句中各个词的语法关系不错,怎么说都行。这种说法是片面的。俄语句子的词序虽不像汉语主语在前、谓语在后、状语在谓语前、补语和宾语在谓语后那么严格,而且主语在谓语后的情况确实也比较多,但这不等于说,主语和其它成分的位置关系可以随便处理。实际上,俄语句子的五大成分(主语、谓语、补语、定语、状语)的位置安排也是有一定规律的,违反这个规律,就不是地道的俄语,不符合俄罗斯人的思维表达习惯。

俄语词序涉及许多实义切分理论问题,详述起来可以洋洋数万言。简要地说,实义切分不同于句法切分。句法切分是将句子切分为句子成分即主语、谓语、补语、定语和状语。而实义切分是将句子根据交际目的或功能切分为主位(表述出发点、已知)和述位(表述核心、新知)。任何句子成分或其组合都可充当主位或述位,主语和主位之间、谓语和述位之间并没有对应关系。由于所谓句子词序实质是句子成分在句中的排列顺序,所以我们可以用句子成分的位置变化来描述句子的词序变化。

从句子的交际功能看,俄语句子可分三大类:陈述句、疑问句和祈使句。从笔语写作的角度看,以陈述句最为重要,其它两类句子比较容易掌握。从结构上看,俄语句子又分为简单句和复合句,其中又以简单句最为关键。而复合句本身结构(联系手段)比较固定,其词序规律基本上可以从简单句来类推,这样,我们集中篇幅来搞清作为陈述句的简单句的词序规律,就可以说是抓住了要害。笔者经多年研究,将词序规律高度概括简化为几句口诀,可以基本上解决笔语写作中的句子词序问题。

根据实义切分理论,笔语中陈述句主位在前、述位在后是一条规律。但由于主位和述位与任何句子成分及其组合都没有直接对应关系,说主位在前、述位在后也等于什么也没说,所以我们采取了把实义切分、句法切分和语义结构分析结合起来这一解决俄语词序问题的较为实际的办法。

1. 表述出发点在前,表述核心在后

(1) 这一口诀适用于全篇文字的第一句话或与上文没有直接承接关系的段落的第一句话的词序安排。该第一句话的结构多为简单句。请看选自俄文原著的实例:

①Летом тридцать второго года в село Большой Перелаз **приехал** на отдых главный **инженер** автомобильного завода Дмитрий Иванович Порошин. (М. Коробейников)

②В беспредельности Вселенной, в Солнечной системе, на Земле, в России, в Москве, в угловом доме Сивцева Вражка, в своём кабинете **сидел** в кресле **учёный**-орнитолог(鸟类学家)Иван Александрович. (М. Осоргин)

③12 апреля 1961 года **произошло событие**, взволновавшее всё человечество. Ранним утром с территории Советского Союза в космос **поднялся** космический **корабль-спутник** «Восток» с человеком на борту. (Н. Лобанова)

几个例子中可以发现，这类句子从时间或地点出发，语义重心在于揭示人物(或事物)出场。其词序形式是：状语(时间或地点)→谓语(行为或状态)→主语(人或事物)。

这种句子相对独立，不受上文制约，可用在连贯言语中任何一个需要的地方。它们还可用来描写景色或周围环境。其典型词序形式是：谓语在前、主语在后，但不能根据汉语习惯称之为倒装句(这类句中主语移至谓语前才是倒装，倒装句是受上文制约的，见下面例②)。试比较：

①**Была яркая погода**, и в прозрачной голубизне весеннего утра, казалось, все притихло... **Лаяли собаки.** (И. Ковтун)

②Уже не раз Батманов говорил не то в шутку, не то всерьёз：— **Настанет скоро денёк**, когда мы, чернорабочие, отойдем в сторону,.. и очистим место для наших инженеров. Пусть покажут, на что они способны.

И **такой день наступил.** (Б. Ажаев)

(2)根据实际需要，句子词序可作部分调整。

(a)当语义重心在于揭示行为或状态时，谓语可置于主语后面，试比较：

①Зимой реки окаменели. (В кожевников)

②Курить в вагонах запрещено. (В. Панова)

(б)当语义重心在于揭示行为客体时，句子词序形式一般为：(状语)主语→谓语→补语。试比较：

①Примерно через неделю **Томилин получил приглашение** в Москву, подписанное начальником главка. (А. Первенцев)

②Педагогический **институт устраивал вечер** встречи... со студентами. (Д. Гранин) (в) 句中同时有时间状语和地点状语时,一般是时间状语在句首,地点状语在句末。这时有突出地点的意味。词序形式为:**时间状语→主语→谓语→地点状语**。而如要突出行为和行为主体,则可将其后移,但这时一般是时间状语在地点状语前。词序形式为:**时间状语→地点状语→谓语→主语**。试比较:

①**Мглистой ночью** бывший коммунист Андрей Денисов в сопровождении двух конвойных... шел **от... Совета через площадь.** (В. Овечкин)

②**Сегодня утром в троллейбусе** пел ребёнок. (Н. Суханова)

从上述例证中可以看到:除少数句子(如写景句)有相对固定的词序形式外,总体上说不受上文制约的句子的词序形式均有一定的自由度,即受说话者预先按交际目的来安排:作为表述出发点的句子成分在句首,而作为表述核心或重点强调部分在后以至句末。

2. 承接上文(已知)部分在前,展开叙述(新知或强调点)部分在后

这一规律适合于连贯言语中受前文制约的句子。所谓受前文制约,指在连续两个或几个简单句(或复合句)中后面的句子受前面的句子制约,也包括复合句中后面的分句(无论主句还是从句)受前面的分句制约。

以上文(前句或前面某个句子)中的某个词或词组作为出发点时,其位置一般应在句首。由于是前文中已经出现的(或已经被代换的)词或词组,所以也称之为已知部分。接下去应该是展开叙述部分,这部分对读者来说是未知的,因而也叫新知部分。这其中,特别被强调的部分要向后移,一般要放句末,还须指出的是:这里"已知"与"新知"与句子成分类型无关,即任何句子成分或其组合都可能成为已知或新知。这样,词序的安排也就不以句子成分相互之间的句法关系性质为依据,而以实际需要即以什么为出发点和要强调什么为依据。也就是说,句子的词序形式可以根据表达思想的需要来安排。这样,笔语中,根据句子的交际功能,说通俗些,根据句子要告诉读者什么,受前文制约的句子至少有以下几种词序形式[主语、谓语、补语、(定语、)状语简称:主、谓、补、(定、)状]:

(1)(状)谓(补)[或补·谓]—主

[注1.其中带圆括号的成分是可有可无的。注2.破折号前为表述出发点,即承上文的已知部分,破折号后为表述核心,即新知部分。下同。]

这类句子的交际目的是揭示行为主体。其语义结构是:时间(或地点)·行为(或状态)(客体)——主体。例如:

①(Десятого апреля 1922 года, в три часа полудня, в большом зале... итальянский премьер Факта открыл пленум конференции.) После него... медленно

поднялся на трибуну главный **инициатор и устроитель** конференции **Ллойд-Джордж.** (В. Закруткин)

② (Тут были и сталевары, и главный энергетик, и начальник отдела механизации Чекалдии, мальчик с образованием техника, которого Листопад недавно выдвинул на руководящую работу.) В стороне от них всех молчаливо **держалась Нонна.** (В. Панова)

③ (После девяти часов вечера вагон пустел.) В нём **оставались** только **Юлия Дмитриевна и Клавдия.** (И. Ковтун)

④ (Поезд остановился.) Его **остановил** небольшой **отряд** бойцов, русских и поляков. (В. Панова)

⑤ (И всегда получалось, что всё делала она, а он только топтался и мешал.) Дрова **доставала она**, ремонтом **занималась она.** (В. Пакова)

⑥ (Все молчали.) **Промолчал и Левин.** (Ю. Герман)

⑦ (Мать вела хозяйство. В её руках были деньги, ключи, власть над кастрюлями и бельём. Отец занимал за столом председательское место, он был глава...) Но настоящей **госпожой** в доме **была Юленька.** (В. Панова)

⑧ (Все стало другим.) ...**Другим стал** его дом. (В. Панова)

(2)（状）（补）主—谓（补）

这类句子的交际目的是揭示主体所发出的是什么行为或处于什么状态, 其语义结构是:（时间或地点）（客体）主体—行为（或状态）。例如:

① (Кудрянка гадала Нелидовой по руке.) **Нелидова наклонила голову и смеялась.** (К. Паустовский)

② (Всю ночь я бродила..., переходя с улицы на улицу.) Названия их **я не знала.** (Г. Дробот)

③ (Автомобиль пролетел глухими, темными улицами и остановился у высоких... ворот.) **Ворота открылись.** (В. Закруткин)

④ (Летчиков по выдержке и здоровому сердцу делят на несколько групп.) **Первая группа — тысяча пятьсот метров.** (К. Паустовский)

(3)（状）主·谓[谓·主]—补

这类句子的交际目的是揭示主体行为所涉及的是什么客体, 其语义结构是:（时间或地点）主体·行为（或状态）—客体。例如:

① (Соловьев вообще был лишен инстинкта самохранения.) До своего не-

счастья он командовал ротой обслуживания аэродрома. (Ю. Нагибин)

②(Данилов молчал.) **Он хотел слышать всех.** (В. Панова)

③(В чайной ливень настиг их снова.) **Он бил в потные стёкла.** (К. Паустовский)

④(Был коллежский советник, автор, Александр Сергеевич Грибоедов.) **Приходился он родственником самому Паскевичу.** (Ю. Тынянов)

⑤(Это была самая длинная ночь в его жизни.) И, наверное, **такой же показалась она** всем **разведчикам.** (В. Карпов)

(4)(补)主·谓[或谓·主](补)—状

这类句子的交际目的是揭示主体行为或状态发生的时间、地点、原因、方式、目的等。其语义结构是：主体·行为—时间(地点、原因、方式、目的)。例如：

①(Эта "детская комната милиции" прямо-таки взбесила его.) **Её он терпел всю жизнь.** (В. Смирнов)

②(Так вот и получилось, что Сережа даже шпиона не успел поймать, а уже стоял перед высокими воротами — вход в колхозный сад,..) **Сад этот Сережа запомнил с первого раза.** (В. Сукачев)

③(Суть дела, ради которого я приехал, именно в этом дневнике.) **Дневник я видел ещё при жизни Нелидова.** (К. Паустовский)

④(Эта слабость была — баян.) **Баян остался в доме от старшего брата.** (В. Панова)

⑤(Семка лежал и читал, держа книгу на поднятых коленях.) **Колени остро торчали под одеялом.** (В. Панова)

⑥(Лутохин скончался.) **Он умер от кровоизлияния в мозг.** (В. Панова)

⑦(Дельвиг сел подле хозяйки, он, видимо, был своим человеком.) **Сел он очень близко к Софии.** (Ю. Тынянов)

⑧(С Булгариным разговаривали двое каких-то незнакомых. Один был прекрасно одет,..) **Говорил он тихо и медленно.** (Ю. Тынянов)

⑨(В первый же день рейса он прочитал всё.) **Читал он лежа на спине.** (В. Панова)

⑩(Он мечтал о высшем образовании.) **На его глазах крестьянские сыновья уезжали в город учиться.** (В. Панова)

补充说明几点：

①承上已知部分在前,新知部分在后是笔语所遵循的一条规律。从上面所有例证中可以发现:所谓"已知",表现在词语的重复或代换上。这些重复或代换的词语无论充当句子的什么成分都放在句子的前部分。而相应地其它成分便自然按一定顺序排列到后面,其中重点强调的部分总是向后移,直至句末。

②承上已知部分如由几个部分组成,其间的排列顺序较为灵活,可随说话者主观意愿或一般习惯来安排。这种改变对句子完成交际目的没有实质意义,即不改变交际功能。

③定语在句中的一般位置是:一致定语在名词前、非一致定语在名词后。口语中可以将定语移至句末或句首(带逻辑重音加以强调),但笔语中一般不用,故此不予详述。

练习

按汉语句子所要表达的意思,将下面所给出的俄语单词,遵从俄语的语法规则连词成句。(假如有一个汉语句子需要翻译,找到了相应的俄语单词之后,怎么把它们组合成句呢?)

1. 不能说书是印有字母的纸。
    нельзя, говорить, что, книга, это, бумага, на, которая, напечатать, буквы.

2. 昨天,我们遇到了这四位从英国来的游客。
    вчера, мы, познакомиться, с, эти, четыре, турист, который, приехать, из, Англия.

3. 我们谁都不如奥列格那么喜欢数学。
    среди, мы, никто, не, мочь, сравниться, с, Олег, по, любовь, к, математика.

4. 没有读者,书是死的,在你开始阅读之前,书就是死的。
    без, читатель, книга, мертвый, и, мертвый, до, те, пора, пока, вы, не, начинать, читать.

5. 有些科学家晚上很晚才开始工作,而且工作一干就是一夜。
    у, некоторый, учёный, работа, начинаться, поздно, вечером, и, продолжаться, вся, ночь.

6. 每天都有很多人前来拜谒莫斯科的无名烈士纪念碑。
    множество, люди, ежедневно, приходить, к, памятник Неизвестный солдат, в, Москва.

7. 我们的老师差不多全都参加了今年一月举行的科学会议。
    почти, весь, наш, преподаватель, участвовать, в, научный, конференция, состояться, в, январь, этот, год.

8. 所有的学生,无论什么专业的,都应该高度重视科研工作。
    весь, студент, независимо, от, их, специальность, должный, уделять, большой, внимание, научно-иследовательская работа.

9. 评价一个人不是看他的言辞,而是看他的行动。
    человек, оценивать, не, по, его, слова, а, по, его, дела.

10. 得知我们运动员获胜的消息后，孩子们激动得欢呼起来。

узнать, о, победа, наш, спортсмены, ребята, закричать, от, радость, и, волнение.

11. 教育艺术首先包括直击人心的说话艺术。

искусство, воспитание, включать, прежде, всего искусство, говорить, обращаться, к, человеческий, сердце.

12. 许多窗玻璃被大风吹碎了。

много, стекло, быть, разбить, сильный, ветер.

13. 一看见进来的人，主任就从桌边站起来并快步走到他跟前。

увидеть, вошедший, директор, встать, из-за, стол, и, быстро, пойти, к, он.

14. 世界最南端的夏季平均气温在零下30到50度之间。

средний, температура, летний, месяц, на, крайний, юг, земный, шар, от, 30, до, 50, градус, ниже, нуль.

15. 毕业生面前都有去哪里工作的问题。

перед, выпускники, вставать, вопрос, куда, пойти, работать.

16. 自己的学习能力应该从进入大学的最初几天起就开始培养。

умение, учиться, следовать, развивать, в, себя, с, первый, же, день, пребывание, в, вуз.

17. 孩子们很不一样，每个人都有自己的性格，有自己的兴趣。

ребята, очень, разный, у, каждый, свой, характер, свой, интерес.

18. 我听着雨滴敲打屋顶的声音。

я, слушать, как, капля, дождь, стучать, по, крыша.

19. 在我们离开之前，我们只见过两三次面。

до, отъезд, мы, встретиться, всего, два-три, раз.

20. 如果我发现什么有趣的东西，我就告诉你。

если, я, узнать, что-нибудь, интересный, я, сообщить, вы.

21. 以前所做的一切都是为了这项工作。

всё, что, быть, сделать, раньше, быть, сделать, для, этот, работа.

22. 要保护地球不受人类自己的伤害，这件事想想都觉得可怕。

страшно, подумать, что, защищать, Земля, надо, от, люди, сами.

23. 火车正驶近车站，所有的乘客都在收拾行李准备下车。

поезд, приближаться, к, станция, и, весь, пассажиры, собирать, свой, вещь, готовиться(副动词) сойти.

24. 以前，气候的波动很少取决于人类及其经济活动。

раньше, колебание, климат, мало, зависеть, от, человек, и, его, хозяйственный, деятельность.

25. 他的大会报告成了一篇充满激情的政治演讲，在演讲中他说科学应该为人类服务。

его, доклад, на, конгресс, стать, страстный, политический, речь, в, который, он, сказать, что, наука, должен, служить, человечество.

26. 学生们的数学研究进行得越深入，他们的数学能力就越强。

чем, глубокий, заниматься, студент, математика, тем, крепкий, у, они, математический, способности.

27. 俄罗斯第一位女数学家举世闻名。

имя, первый, русский, женщина-математик, известный, весь, мир.

28. 此外，必须使大学与国民经济的所有领域之间建立更密切的联系。

кроме, тот, необходимо, добиться, еще, более, тесный, связь, между, вуз, и, весь, области, народный, хозяйство.

29. 这是一项复杂的工作，需要花很多时间。

это, быть, сложный, работа, требовать, много, время.

30. 如果看一下地图，就能立即看到水在地球上占据了多么广阔的空间。

если, взглянуть, на, карта, сразу, можно, увидеть, какой, большой, пространство, занимать, на, Земля, вода.

31. 人类面临着一项重要而严肃的任务——拯救海洋，使海洋对所有动物来说都是清洁和安全的。

перед, человечество, стоять, важный, и, серьёзный, задача, спасти, океан, сделать, он, чистый, и, безопасный, для, весь, животное.

32. 如果说植物听了音乐都能长得好的话，那还用说拥有既敏感又复杂的神经系统的人吗？

если, растения, отвечать, на, музыка, лучший, рост, то, что, же, говорить, о, люди, с, их, тонкий, и, сложный, нервный, система?

33. 他给自己定了一个崇高的目标，就是种植一种不怕雨、不怕旱，而且还能丰收的小麦品种。

он, поставить, перед, себя, благородный, цель, вырастить, такой, сорт, пшеница, который, бы, не, бояться, ни, дождь, ни, засуха, и, давать, бы, богатый, урожай.

34. 人们对感冒通常在冬天传播这一点已经习惯了。

люди, привыкнуть, к, тот, что, зимой, нередко, распрастраняться, простудный, болезни.

35. 人什么都能做。但是，为什么一些简单的事情，例如，开始从事体育活动，我们却这么难以做到呢？

человек, мочь, сделать, всё, но, почему, же, мы, так, трудно, сделать, что-нибудь, простой, например, начать, заниматься, физкультура?

36. 阿廖沙长时间地向我们挥手，我和妈妈一直跟着火车走着，直到火车消失在远方。

Алёша, долго, махать, мы, рука, а, мы, с, мама, всё, идти, и, идти, за, поезд, пока, он, не, скрыться, вдали.

37. 我的父亲是个普通人：他善于跟任何年龄的人交谈，而且每个人跟他在一起都觉得有意思。

мой, отец, обыкновенный, человек, он, уметь, вести, беседа, с, человек, любой, возраст, и, каждый, с, он, интересно.

38. 他没有机会去花那么多钱买这些书，也没有时间跑书店去找这些书。

не, быть, у, он, возможность, истратить, столько, деньги, на, покупка, эти, книги, не, быть, время, бегать, по, книжный, магазины, разыскать, эти, книги.

39. 在从事教学活动的同时，他还参与了电工技术领域的研究。

Одновременно, с, педагогический, деятельность, он, заниматься, исследования, в, область, электротехника.

40. 在任何地方、在任何时间从未存在过、也不可能存在没有运动的物质。

нигде, и, никогда, не, бывать, и, не, мочь, быть, материя, без, движение.

41. 在路上我们碰上了麻烦：我们掉进了深谷，最后差点栽进一个什么洞里。

в, дорога, мы, ожидать, неприятности, попасть, в, глубокий, оврага, и, наконец, чуть, быть, не, провалиться, в, какой-то, яма.

42. 我们决定在没有向导的情况下继续前进，但令我们非常失望的是，我们完全迷路了。

мы, решить, продолжать, путь, без, проводник, но, к, великий, наш, досада, совсем, потерять, дорога.

43. 按他的话，再接着走无疑会遭遇危险。

по, его, слова, идти, дальше, без, сомнение, означать, бы, подвергаться, явно, опасность.

44. 院士同时从事几项难度不同的工作。

академик, вести, одновременно, несколько, работа, который, различаться, по, степень, трудность.

45. 通常,如果城市居民数量增加,城里生活的人超过一百万,那么这个城市就开始修建地铁。

обычно, если, число, жители, город, увеличиваться, и, в, город, жить, больше, чем, миллион, человек, в, этот, город, начинать, строить, метро.

46. 在大城市一般提前规划交通的发展,确定城市所必需的公交车的数量。

в, большой, город, заранее, планироваться, развитие, транспорт, определяться, количество, автобус, который, необходимый, город.

47. 所有到过圣彼得堡的人都信誓旦旦地说,圣彼得堡可以被称为世界上最美丽的城市之一。

все, кто, быть, в, Санкт-Петербург, с, уверенность, говорить, что, Санкт-Петербург, можно, назвать, один, из, самый, красивый, город, в, мир.

48. 从家里到幼儿园的整个路上,孩子问了妈妈各种问题。

весь, дорога, от, дом, до, детский, сад, ребёнок, задавать, мать, разный, вопросы.

49. 世界是物质的:所有存在的事物都是不同种类的运动着的物质。

мир, материальный: весь, существующее, представлять, себя, различный, виды, двигаться, материя.

50. 你无法想象,物质和大自然是处于静止状态不在运动中的。

нельзя, представить, себя, материя, природа, неподвижные, в, состояние, покой.

51. 大学毕业后,斯托列托夫不得不出国。

после, окончание, университет, Столетов, прийтись, уехать, за, граница.

52. 科学转化为直接生产力这一真实的过程是有其历史渊源的。

превращение, наука, в, непосредственный, производительный, сила, как, реальный, процесс, иметь, свой, история.

53. 随着现代科技革命的推广,科学知识在生产中的应用变得常态化。

с, развёртывание, современный, научно-технический, революция, применение, научный, знания, в, производство, становиться, регулярный.

54. 科学已经成为生产过程的直接参与者。

наука, стать, непосредственный, участник, процесс, производство.

55. 一个成年人必须独立,做出自己的决定,克服困难。

взрослый, человек, должен, быть, самостоятельный, должен, сам, принимать, решения, преодолевать, трудности.

56. 单身老人首先需要关注和照顾，因为年老时的孤独是一件可怕的事情。
старый, одинокий, человек, нужный, в, перый, очередь, внимание, и, забота, ведь, одиночество, в, старость-страшный, вещь.

57. 这里有我从未见过的水果。
здесь, быть, и такой, фрукты, какой, я, раньше, никогда, не, приходиться, видеть.

58. 任何节日都离不开音乐。
ни, один, праздник, не, обходиться, без, музыка.

59. 黑夜过后，燃烧起清晨的霞光，明亮的白天到来，然后黄昏又重新降临。
после, темный, ночь, загораться, утренний, заря, и, наступать, светлый, день, а, затем, снова, приходить вечер.

60. "自然保护法"要求在所有工厂建造处理废水的专用设施。
закон, о, охрана, природа, требовать, строить, на, весь, заводы, и, фабрики, специальный, установки, для, очистка, отработанная вода.

61. 雪在阳光下闪耀，雪花在寒冷的空气中飞舞。
снег, сверкать, на, солнце, снежинки, летать, в, морозный, воздух.

62. 在现代生活中，体育运动占据了前所未有的地位。
в, современный, жизнь, спорт, занять, такой, большой, место, какой, он, не, занимать, никогда, раньше.

63. 体育运动已经成为一种社会现象，我们每个人都感觉到它存在于我们的生活中。
спорт, стать, общественный, явление, и, каждый, из, мы, чувствовать, его, присутствие, в, свой, жизнь.

64. 根据义务教育法，在我国，所有适龄儿童都必须在学校接受教育。
согласно, закон, обязательный, образование, в, наш, государство, весь, дети, школьный, возраст, должен, получить, образование, в, школы.

65. 对我们周围世界的研究使我们确信，大自然是无限多样的。
изучение, окружающий, мир, убеждать, мы, в, том, что, природа, бесконечно, разнообразный.

66. 通过研究气体的特性，我们得出结论，气体体积的变化总是与气体压力的变化有某种联系。
изучать, свойства, газы, мы, приходить, к, заключение, что, изменение, объем, газ, всегда, определенный, образ, связанный, с, изменение, его, давление.

67. 到目前为止,我(们)还不能告诉你这个新理论在多大程度上是正确的。
    пока , ещё , не , мочь , сказать , до , какой , степень , правильный , этот , новый , теория .

68. 水受热即会蒸发,水冷却则会变成冰。
    нагреваться , вода , испаряться , а , охлаждаться , она , превращаться , в , лёд.

69. 由于没有足够的强度,纯金属在技术上的使用相对较少。
    не , обладать , достаточно , высокий , прочность , чистый , металлы , применяться , сравнительно мало , в , техника ,

70. 数学家们不知疲倦地工作着,希望在早上之前能完成计算。
    математики , трудиться , не , знать , усталость , и , надеяться , к , утро , закончить , подсчёт.

71. 我国所有完成中等教育的公民都有接受高等教育的权利。
    право , на , поступление , в , вуз , предоставить , весь , граждане , наш , страна , иметь (形动词) , закончить (形动词) , средний , образование.

72. 对于一个人来说,最美好的事情就是,即使你不在了,你所创造的一切仍能为人们服务。
    самый , прекрасный , для , человек — весь , созданный , служить , люди , и , тогда , когда , ты , перестать , существовать.

73. 缺乏相互信任导致了他们之间矛盾的出现。
    отсутствие , взаимный , доверие , обусловить , появление , противоречие , между , они.

74. 年轻人从老一辈那里吸收到的光荣传统正在被发扬光大。
    славный , традиция , воспринять , молодёжь , от , старый , поколение , развиваться .

75. 现在,我国农村的粮食是由不同的机器加工的。
    теперь , в , наш , страна , в , деревня , обрабатывать , зерно , разный , машины.

76. 他甚至在需要我帮助的时候都没来。
    он , не , прийти , даже , тогда , когда , он , нужный , быть , мой , помощь.

77. 谁也不能否认近年来我国工业的快速发展。
    никто , не , мочь , отрицать , быстрый , развитие , наш , промышленность , за , последний , годы.

78. 亲近的人只有在你和他分手时才能理解他。
    близкий , человек , только , тогда , понять , когда , с , он , расстаться.

79. 随着自由时间的增加,个性全面发展的可能性就增长了。

по , мера , увлечение свободный , время , расти , возможности , для , всесторонний , развитие , личность.

80. 今年，依靠着国内储备，我们增加了30%的产量。

  в , нынешний , год , опираться , на , внутренний , резервы , мы , увеличить , производство , на , 30 , процент.

81. 大约12点时，会议中止去吃午饭。

  час , к , двенадцать , заседание , быть , прервать , на , обед.

82. 我不会列出我们所有的缺点，我只指出其中的主要缺点。

  Я , не , быть , перечислять , весь , наш , недостатки , а , указать , лишь , на , главный , из , они.

83. 招待会是在温暖友好的气氛中举行的。

  приём , пройти в , тёплый , дружественный , обстановка.

84. 由于下雨，道路变得很不方便走。

  вследствие , дождь , дорога , стать , очень , неудобный.

85. 鉴于燃料短缺，有必要节省汽油。

  в , виду , недостаток , в , топливо , необходимо , экономить , бензин.

86. 我们必须与广大群众融为一体。

  мы , должен , сливаться , с , широкий , массы.

87. 受到空气阻力或重力的影响，运动着的物体会停止下来。

  испытывать , сопротивление , воздух , или , влияние , тяжесть , двигаться , тело , останавливаться.

88. 他想尽快离开，所以急着要做完自己的工作。

  желать , скорее , уехать , он , торопиться , закончить , свой , работа.

89. 在这个话剧中没有什么有教育意义的东西，这个剧在观众中不会引起道德震撼。

  в , этот , спектакль , нет , ничего , поучительный , он , не , вызывать , у , зрители , нравственный , потрясение.

90. 考虑到金星上的高温，是否就能绝然否认这个星球上有存在生命的可能性呢？

  учитывать , высокий , температура , на , Венера , можно ли , категорически , отрицать , возможность , жизнь , на , этот , планета?

91. 首先我们需要确定，革命囊括了科学的哪个结构部分？

  прежде , всего , надо , определить : какой , структурный , часть , наука , захватывать , революция?

92. 在他离开之前，他把需要的东西装满了手提箱。

перед, отъезд, он, наполнить, чемодан, нужный, вещи.

93. 钢材质量差影响了零件的质量。

    плохой, качество, сталь, отражаться, на, качество, деталь.

94. 奶奶的健康状况有所改善多亏中药起了作用。(多亏中药起了作用,奶奶的健康状况有所改善。)

    здоровье, баубшка, улучшиться, благодаря, действие, китайский, лекарство.

95. 周边环境在有害物质的影响下发生了变化。

    окружающий, среда, измениться, под, действие, вредный, вещества.

96. 海洋上下层的温差使得提取能量成为可能。

    разница, температура, верхний, и, нижний, слой, океан, обусловливать, возможность, извлечение, энергия.

97. 生产与消费有关,并取决于消费。

    производство, связать, с, потребление, и, зависеть, от, потребление.

98. 货物的价格是由其质量决定的。

    цена, товар, определяться, его, качество.

99. 有关文学和艺术的书籍是他私人图书馆的一大部分。

    большой, раздел, его, личный, библиотека, составлять, книги, по, литература, и, искусство.

100. 她忙于工作和家务,喜欢在难得的空闲时间里在花园里散步。

    занятый, работа, и, домашний, хозяйство, она, в, редкий, свободный, минуты, любить, погулять, в, сад.

101. 根据他的品味和观点,可以认为他非常喜欢音乐。

    по, его, интересы, вкусы, и, взгляды, можно, составить, представление, о, тот, что, он, очень, нравиться, музыка.

102. 他对这件事的看法是错误的,这导致他做出了错误的结论。

    его, точка, зрение, по, этот, вопрос, неправильный, что, привести, он, к, неправильный, заключение.

103. 这位医生多次献血,为的是挽救病人的生命。

    этот, врач, много, раз, отдавать, свой, кровь, чтобы, спасти, жизнь, больные.

104. 物质的哲学概念不同于具体的自然科学概念。

    философский, понятие, материя, отличаться, от, конкретный, естественно-научный, представления, о, она.

105. 他的错误在于他不喜欢辛勤的劳动,而且还缺乏足够的耐心。
    его, ошибка, в, том, что, не, любить, он, упорный труд, и, терпение, у, он, не, хватать.

106. 工业的先进部门之一是建材工业。
    один, из, передовой, отрасли, индустрия, являться, промышленность, строительный, материал.

107. 在高年级课程中,学生们要听取专题讲座,并参加专题研讨会。
    на, старший, курсы, студенты, прослушивать, специальный, лекции, и, посещать, специальный, семинары.

108. 预备系的毕业生无须考试就可以被大学录取。
    выпускники, подготовительный, отделения, приниматься, в, вуз, без, экзамены.

109. 为优秀大学生提供了根据个人课程计划进行学习的机会。
    студенты-отличники, представить, возможность, заниматься, по, индивидуальный, учебный, план.

110. 能量不会产生,也不会消失,而是从一种形式转换成另一种形式。
    энергия, не, возникать, не, исчезать, а, переходить, из, один, вид, в, другой.

111. 钢是从铁中通过除去大部分碳和杂质的办法而提炼出来的。
    сталь, получать, из, чугун, путём, удаление, из, он, больший, часть, углерод, и, примеси.

112. 人们付出了大量的劳动,以便掌握金属加工艺术。
    много, труд, быть, положенный, на, то, чтобы, овладеть, искусство, обработка, металлы.

113. 勇敢的人们就是有不害怕并且去取得胜利的天性。
    смелый, люди, свойственный, натура, не, бояться, и, побеждать.

114. 他靠着与生俱来的天赋来经营这家工厂。
    он, руководить, этот, завод, с, свойственный, он, талант.

115. 他很想好好看清楚那个问了这么些愚蠢问题的人。
    он, хотеться, рассмотреть, человек, который, задать, такой, неумный, вопрос.

116. 关于这一点,必须立即通告所有参与这项工作的人。
    о, этот, надо, немедленно, сообщить, весь, участвующие, в, этот, работа.

117. 如果没有太阳,就不可能在地球上出现和繁衍生命。

если, бы, не, быть, солнце, не, смочь, бы, возникнуть, и, развиваться, на, Земля, жизнь.

118. 尽管夜深了，工人们仍继续在工厂工作。

несмотря, на, то, что, быть, поздняя, ночь, рабочие, продолжать, работать, на, завод.

119. 我们拥有这些储备，其规模之大，完全可以保证国民经济的进一步发展。

мы, располагать, этот, запасы, в, такой, размеры, который, полностью, обеспечивать, дальнейший, развитие, народный, хозяйство.

😊 练习参考答案

1. Не говорите, что книга — это бумага, на которой напечатаны (напечатали) буквы.
2. Вчера мы познакомились с этими четырьмя туристами, которые приехали из Англии.
3. Среди нас никто не может сравниться с Олегом по любви к математике.
4. Без читателя книга — мертва и мертва до тех пор, пока вы не начинаете читать.
5. У некоторых учёных работа начинается поздно вечером и продолжается всю ночь.
6. Множество людей ежедневно приходит к памятнику Неизвестному солдату в Москве.
7. Почти все наши преподаватели участвовали в научной конференции, состоявшейся в январе этого года.
8. Все студенты, независимо от их специальности, должны уделять большое внимание научно-иследовательской работе.
9. Человека оценивают не по его словам, а по его делам.
10. Узнав о победе наших спортсменов, ребята оживлённо закричали от радости и волнения.
11. Искусство воспитания включает прежде всего искусство говорить, обращаться к человеческому сердцу.
12. Много стёкол было разбито сильным ветром.
13. Увидев вошедшего, директор встал из-за стола и быстро пошёл к нему.
14. Средняя температура летних месяцев на крайнем юге земного шара от 30 до 50 градусов ниже нуля.
15. Перед половиной выпускников встаёт вопрос, куда пойти работать.
16. Умение учиться следует развивать в себе с первых же дней пребывания в вузе.

17. Ребята очень разные, у каждого свой характер, свои интересы.
18. Я слушал, как капли дождя стучали по крыше.
19. До отъезда мы встретились всего два-три раза.
20. Если я узнаю что-нибудь интересное, я сообщу вам.
21. Всё, что было сделано раньше, было сделано для этой работы.
22. Страшно подумать, что защищать Землю надо от нас самих — от людей.
23. Поезд приближается к станции, и все пассажиры собирают свои вещи, готовясь сойти.
24. Раньше колебания климата мало зависели от человека и его хозяйственной деятельности.
25. Его доклад на конгрессе стал страстной политической речью, в которой он сказал, что наука должна служить человечеству.
26. Чем глубже занимаются студенты математикой, тем крепче у них математические способности.
27. Имя первой русской женщины-математика Софьи Васильевны Ковалевской известно всему миру.
28. Кроме того, необходимо добиться ещё более тесной связи между вузом и теми областями народного хозяйства, для которых готовятся кадры.
29. Это была сложная работа, требующая много времени.
30. Если взглянуть на карту, сразу можно увидеть, какое большое пространство занимает на Земле вода.
31. Перед человечеством стоит важная и серьёзная задача — спасти океан, сделать его чистым и безопасным для всего животного.
32. Если растения отвечают на музыку лучшим ростом, то что же говорить о людях с их тонкой и сложной нервной системой?
33. Он поставил перед собой благородную цель вырастить такой сорт пшеницы, который бы не боялся ни дождя, ни засухи и давал бы богатый урожай.
34. Люди привыкли к тому, что зимой нередко распрастраняются простудные болезни.
35. Человек может сделать всё. Но почему же нам так трудно сделать что-нибудь простое, например, начать заниматься физкультурой?
36. Алёша долго махал нам рукой, а мы с мамой всё шли и шли за поездом, пока он не скрылся вдали.

37. Мой отец обыкновенный человек: он умеет вести беседу с человеком любого возраста и каждому с ним интересно.
38. Не было у него возможности истратить столько денег на покупку этих книг, не было времени бегать по книжным магазинам, разыскать эти книги.
39. Одновременно с педагогической деятельностью он занимался исследованиями в области электротехники.
40. Нигде и никогда не бывало и не может быть материи без движения.
41. В дороге нас ожидали неприятности: попали в глубокие овраги и, наконец, чуть было не провалились в какую-то яму.
42. Мы решили продолжать путь без проводника, но, к великой нашей досаде, совсем потеряли дорогу.
43. По его словам, идти дальше, без сомнения, означало бы подвергаться явно опасности.
44. Академик вёл одновременно несколько работ, которые различались по степени трудности.
45. Обычно, если число жителей города увеличивается и в городе живёт больше чем миллион человек, в этом городе начинают строить метро.
46. В больших городах заранее планируется развитие транспорта, определяется количество автобусов, которое необходимо городу.
47. Все, кто был в Санкт-Петербурге, с уверенностью говорят, что Санкт-Петербург можно назвать одним из самых красивых городов в мире.
48. Всю дорогу от дома до детского сада ребёнок задавал матери разные вопросы.
49. Мир материален (материальный): всё существующее представляет собой различные виды движущейся материи.
50. Нельзя представить себе материю, природу неподвижными, в состоянии покоя.
51. После окончания университета Столетову пришлось уехать за границу.
52. Превращение науки в непосредственную производительную силу как реальный процесс имеет свою историю.
53. С развёртыванием современной научно-технической революции применение научных знаний в производстве становится регулярным.
54. Наука стала непосредственным участником процесса производства.

55. Взрослый человек должен быть самостоятельным, должен сам принимать решения, преодолевать трудности.

56. Старому одинокому человеку нужны в первую очередь внимание и забота, ведь одиночество в старости — страшная вещь.

57. Здесь были и такие фрукты, каких мне раньше никогда не приходилось видеть.

58. Ни один праздник не обходится без музыки.

59. После темной ночи загорается утренняя заря и наступает светлый день, а затем снова приходит вечер.

60. Закон об охране природы требует строить на всех заводах и фабриках специальные установки для очистки отработанной воды.

61. Снег сверкает на солнце, снежинки летают в морозном воздухе.

62. В современной жизни спорт занял такое большое место, какого он не занимал никогда раньше.

63. Спорт стал общественным явлением, и каждый из нас чувствует его присутствие в своей жизни.

64. Согласно закону обязательного образования, в нашем государстве все дети школьного возраста должны получить образование в школах.

65. Изучение окружающего мира убеждает нас в том, что природа бесконечно разнообразна.

66. Изучая свойства газов, мы приходим к заключению, что изменение объёма газа всегда определенным образом связано с изменением его давления.

67. Пока ещё не могу (можем) сказать, до какой степени правильна эта новая теория.

68. Нагреваясь, вода испаряется, а охлаждаясь, она превращается в лёд.

69. Не обладая достаточно высокой прочностью, чистые металлы применяются сравнительно мало в технике.

70. Математики трудятся, не зная усталости, и надеются к утру закончить подсчёт.

71. Право на поступление в вуз предоставлено (предоставили) всем гражданам нашей страны, имеющим законченное среднее образование.

72. Самое прекрасное для человека — всем созданным служить людям и тогда, когда ты перестанешь существовать.

73. Оستутствие взаимного доверия обусловило появление противоречия между ними.
74. Славные традиции, воспринятые молодёжью от старшего поколения, развиваются.
75. Теперь в нашей стране в деревне обрабатывают зерно разными машинами.
76. Он не пришел даже тогда, когда ему нужна была моя помощь.
77. Никто не может отрицать быстрого развития нашей промышленности за последние годы.
78. Близкого человека только тогда поймёшь, когда с ним расстанешься.
79. По мере увлечения свободного времени растут возможности для всестороннего развития личности.
80. В нынешнем году, опираясь на внутренние резервы, мы увеличили производство на 30 процентов.
81. Часам к двенадцати заседание было прервано на обед.
82. Я не буду перечислять все наши недостатки, а укажу лишь на главные из них.
83. Приём прошёл в теплой, дружественной обстановке.
84. Вследствие дождя дорога стала очень неудобной.
85. В виду недостатка в топливе необходимо экономить бензин.
86. Мы должны сливаться с широкими массами.
87. Испытывая сопротивление воздуха или влияние тяжести, движущееся тело останавливается.
88. Желая скорее уехать, он торопился закончить свою работу.
89. В этом спектакле нет ничего поучительного, он не вызывает у зрителей нравственного потрясения.
90. Учитывая высокую температуру на Венере, можно ли категорически отрицать возможность жизни на этой планете?
91. Прежде всего надо определить: какую структурную часть науки захватывает революция?
92. Перед отъездом он наполнил чемодан нужными вещами.
93. Плохое качество стали отражается на качестве деталей.
94. Здоровье бабушки улучшилось благодаря действию китайского лекарства.
95. Окружающая среда изменилась под действием вредных веществ.

96. Разница температур верхних и нижних слоёв океана обусловливает возможность извлечения энергии.

97. Производство связано с потреблением и зависит от потребления.

98. Цена товара определяется его качеством.

99. Большой раздел его личной библиотеки составляют книги по литературе и искусству.

100. Занятая работой и домашним хозяйством, она в редкие свободные минуты любила погулять в саду.

101. По его вкусам и взглядам можно составить представление о том, что ему очень нравится музыка.

102. Его точка зрения по этому вопросу неправильна, что привело его к неправильному заключению.

103. Этот врач много раз отдавал свою кровь, чтобы спасти жизнь больным.

104. Философское понятие материи отличается от конкретных естественно-научных представлений о ней.

105. Его ошибка в том, что не любит он упорного труда и терпения у него не хватает.

106. Одной из передовых отраслей индустрии является промышленность строительных материалов.

107. На старших курсах студенты прослушивают специальные лекции и посещают специальные семинары.

108. Выпускники подготовительных отделений принимаются в вуз без экзаменов.

109. Студентам-отличникам представлена (представили) возможность заниматься по индивидуальному учебному плану.

110. Энергия не возникает и не исчезает, а переходит из одного вида в другой.

111. Сталь получают из чугуна путём удаления из него большей части углерода и примесей.

112. Много труда было положено на то, чтобы овладеть искусством обработки металлов.

113. Смелым людям свойственна натура не бояться и побеждать.

114. Он руководит этим заводом со свойственным ему талантом.

115. Ему хотелось рассмотреть человека, который задал такие неумные вопросы.

116. Об этом надо немедленно собщить всем участвующим в этой работе.
117. Если бы не было солнца, не могла бы возникнуть и развиваться на Земле жизнь.
118. Несмотря на то, что была поздная ночь, рабочие продолжали работать на заводе.
119. Мы располагаем этими запасами в таких размерах, которые полностью обеспечивают дальнейшее развитие народного хозяйства.

下编 俄语作文法

用外语写作是外语教学中训练外语应用能力的一种有效手段,也是历年来各类外语考试的必考项目。写作一项一般占15分~20分,都为命题作文,即要求应试者按照试卷规定的题目和对内容提出的要求,在规定的时间内完成规定字数的作文。大学俄语四级统考要求考生写出80~100个词的短文;研究生入学考试要求考生写出120~140个词的短文。实际算来,每篇短文也不过是15~20句话。

在上编俄语造句法中,我们已经详细讲解了如何才能造出既合乎语法和语义又合乎笔语交际要求的句子,然而造句只是作文的基础,要写出合乎要求的作文,还需掌握一定的写作知识。对于用外语写作来说,一个较实用的捷径就是掌握一定数量的"万能"(即通用)句子。由于考生的来源较广泛,故就题目本身的通用性来说,一般不宜出得过窄。这样,对于考生来说,应下功夫练习的主要是那些通用性较大的题目,并掌握那些通用性句型、短语和表示法。

从作文的内容看,通常是写人、写事、发议论等几类;就文章体裁而论,常见的是记叙文、论说文、应用文等几种;从表达手法看,一般是叙述、描写、议论、抒情等几种。所以,提高写作水平,关键不是解决几个具体题目的具体写法,而是要掌握作文的几个基本类型和几种基本写作方法。与此同时,还要记住尽可能多的通用句型、短语和表达法。

任何一篇文章,都归属于一定的类别,都有其规定性的格式。只要是记叙文,就应该有时间、地点、人物、事件(事件的开始、发展和结束),适当的地方还可以夹叙夹议,即作者就事件发展发表一些感想或议论等。而只要是论说文,那么就必须有论点、论据和结论。这些知识,对于中国学生来说,应该是在中学(初、高中)作文教学中就已经解决了的,所以,复习备考要以几个基本类型和几种基本写作手法的典型范文为基础,掌握大量的关键词语。另外,还要利用范文后所给词语,自己练习写一下,使自己能从根本上提高写作水平。

在练习写作时,一个值得特别注意的问题是避免用汉语思维,或写好汉语文字之后硬译。这样的结果是中国人读起来能懂,有的句子从汉语角度可能很美,可是外国人读起来可能莫名其妙,甚至产生误解。正确的作法是:先选好一个俄语的关键词(如:动词),根据它的可能搭配或习惯搭配(即意义上两词是否能结合)来按照语法规则造句。如我们打算用 руководить(领导、支配、管理)造句,我们可以说 руководить школой, работой, группой студентов, заводом,但我们不能从汉语角度出发,如汉语可以说:管机器(如:他一人管几台机器。),便造出 руководить машиной (несколькими машинами)这样的词组来(应说 управлять машиной, несколькими машинами)。也就是说,切记不能按照俄汉词典中的中文释义把相应的俄语词硬捏在一起,因为按中文释义或按中文习惯可以搭配的词,按俄语习惯却不可搭配的例子不胜枚举。

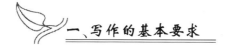

☞ 写作提示

学习一门外语,应掌握一定的语言技能,即听、说、读、写、译五种语言技能,其中,写作是较难掌握的一项技能。因为用外语书面表达自己的思想感情、传递信息,不仅要有词汇、语法、习惯用语等方面的语言知识,而且还应该具备一定的语言组织能力、分析能力、逻辑推理能力和对不同文体、不同类型写作的基本了解。大学学习期间,要求学生具备一定的外语写作能力,即要求学生具备一定的综合运用某种语言知识的能力,能在规定的时间内,完成一篇主题突出、内容完整、条理清晰、语言通顺、语法基本正确的命题文章。

俄语写作是外语教学中训练俄语应用能力的一种有效手段,也是各类俄语考试的必考项目。一般要求考生写出 100~140 个词的短文。为便于写作技能的训练,我们先简要介绍一下写作的基本知识。

一、写作的基本要求

作文是把人的思想以书面形式准确简洁、层次分明地叙述下来的文章。作文的内容通常包括写人、记事、议论、说明等几类,常见的体裁是记叙文、议论文和说明文,写作中使用的表达方法一般是叙述、描写、议论、说明等。

任何一篇文章,都归属于一定的类别,都有其固定的格式。记叙文中应有时间、地点、人物、事件诸要素,适当的地方还可以夹叙夹议。议论文中必须有论点、论据和结论。论点应鲜明,论据应真实可信,论证应符合逻辑。说明文的写作应遵循清楚、准确、客观、简练的原则。不管是什么体裁的文章都要有题目和中心思想。题目是文章内容和主题的集中和概括,中心思想是文章的主要思想。写作时应紧紧围绕中心思想组织材料,并运用恰当的词汇及句法结构加以表述。

写作过程分为审清题目、构思选材、写作及修改四部分。准确地理解题目是写好作文的第一步。审题的任务在于明确文章的写作目的,确定文章的中心思想和写作范围,列出贯穿全文的纲要,确定文章的体裁。构思主要包括选取素材,考虑文章的表现形式,确定文章的段落层次,做到思路清晰。写作时要开门见山,直接了当,突出文章的主题。用词要准确,表达要简明扼要。要正确使用句子结构和修辞,句型应多样化,不同结构、不同类型、不同长短的句子可交替使用。应注意段落间的相互联系,使段落过渡自然、前后照应。应注意标点符号的正确使用,书写要工整,字迹要清晰。作文写完之后应进行必要的检查和修改:凡与主题无关的句子要删除,遗漏的细节要增补。要看句子结构、动词时态是否正确,主谓是否一致,标点、拼写是否有错或遗漏。发现问题及时修改,可使文章更加完善。

记叙文是以写人、记事、写景为主要内容,以叙述描写为主要表现手法的一种文章。叙述描写的内容一般包括时间、地点、人物、事件、原因、结果六个方面。叙述的方法一般分为顺叙、倒叙、插叙、夹叙夹议等。

记叙文不论是记人叙事还是写景状物,都要目的明确,选择生动事例和细节,把孤立的事件连成整体表达一个主题。叙述时要条理清楚,言之有物,不能只罗列现象。要恰当安排写作顺序,实践中最常用的是按时间顺序进行写作,叙述者采用第一人称或第三人称形式。

写人要以塑造人物形象为主,反映文章主题,所涉及的人、事和物,都必须为刻画主要人物服务,按需要加以取舍。描写人物的方法有肖像描写、行动描写、心理描写等。

记事应着重交待事件的基本情况及事件发展的过程,给人以具体清晰的印象;要条理分明,层次清楚,语言简洁,叙述流畅。文中所涉及的自然环境和社会环境的描写,应本着为事件的发生发展或介绍做铺垫、衬托,避免繁简失当的问题。

描绘景物是对人物或事件所处的环境进行介绍,用词应形象、生动、鲜明。描写分主观描写和客观描写。主观描写往往带有作者的感情色彩。客观描写往往突出客观现实。不管哪种描写都要有目的,不能为描写而描写,要重点突出,抓住被描写对象的特征。描写要有序——或由远及近,或由近及远,或由大至小,或由小到大——任何一种描写顺序都应为文章内容服务。

议论文是一种以议论为主要表达方式的文章。议论文的基本特点是它的说理性。文中应提出某种见解或主张,并由此展开议论说明理由,以使读者信服。议论文由论点、论据、结论三个部分构成。

议论文的写作,首先要见解正确,有深刻鲜明的论点。它是议论文的核心,可通过立论和驳论来主张自己的观点。立论是不设对立面,只阐明自己的观点;驳论是先设对立面,然后驳斥对方的观点和主张。

议论过程中,要使用确凿有力的论据。言必有据,没有确凿有力的论据,论点就站不住脚,因而论据应真实、典型、充分。作者通过论据影响读者的思想和行动,使读者最终接受自己的结论。

论证要合乎逻辑。因为论证是运用论据证明论点的过程。它要揭示论据和论点之间的内在关系,从而把问题分析透彻。常采用的方法有举例、分析、引证、对比、类比、反证、归纳等,通过摆事实讲道理,以理服人。

结论应简单明确,与论点呼应。

说明文主要说明、解释事物发生的原因、结果、性质、意义等。文中可运用举例说明、比较分类、阐述过程、因果定义等表现手法。说明文的特点是就事论事,不掺杂作者的任何观点、主张。文章应条理清楚、层次分明、逻辑严密、语言准确简洁。说明文的写作顺序可采用时间顺序或逻辑推理顺序等。

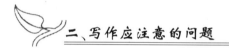

二、写作应注意的问题

写作作为交流思想的书面工具,应以规范的、准确的、通用的语言为标准。中国学生由于有本族语写作的基础,俄语写作时谋篇上一般很少发生大问题,问题主要发生在使用俄语遣词造句上。很多学生在他们的作文里反反复复使用几个简单的词汇,使文章词汇匮乏,叙述不畅。要注意使用有把握的词语及语法结构。注意句子、段落的统一性、连贯性和完整性。句型要多样丰富,即使是简单句也可变成繁化的简单句,如加上一些短语、同等成分、插入语等。作文的内容要简练,不必面面俱到。有些内容可简可繁时,应根据具体内容确定删减或增补。要尽可能使用四级范围内常用的积极词汇。

写作时应力求用俄语构思,避免用汉语思维,或写成汉语文字之后再逐句译成俄语。这样的结果是中国人读起来也许能懂,可是外国人读起来莫名其妙,甚至产生误解。要善于用俄语思维,克服母语的干扰,避免文字上生搬硬套,避免出现汉语式的句子。

要提高写作能力,关键不是解决几个具体题目的具体写法,而是要掌握作文的几个基本类型和几种基本写作方法。在写作初期可以仔细揣摩各种体裁的范文。先读些范文,有了楷模,从中受到启发,就可以进行创造性仿写。通过范文与自己的习作进行比较,开阔视野,找出差距,使自己的作文规范化。通过仿写,使文章写得规范之后,才能创造自己的写作风格。俄语写作水平的提高,不是一朝一夕的事情,它是大学生俄语水平能力的全面表达。只有通过大量实践把理论、语言形式转化成技能,对所学语言知识能融会贯通,培养出语感,能按俄语的思维逻辑和思维习惯去认知和表达,才能使写作达到较高的水平。

记叙文

Ⅰ. 写人

一、写自己

※ [**写作要点**] (1) 开门见山地介绍自己的姓名、年龄及职业；(2) 简单描述一下自己的生活经历，重点描写现状；(3) 写一下自己的兴趣和爱好。

1. Немного о себе

Двадцать лет назад я родился в горном районе провинции Хэйлунцзян. Там я прожил 17 лет.

В детстве я полюбил реки и горы, лес и свежий воздух, полюбил природу. Как все дети, любил играть, бегать, с большим интересом слушать рассказы дедушки. Думаю, детство — моё самое интересное время в жизни.

Когда мне исполнилось 7 лет, я пошёл в школу. Тогда мама считала, что у меня есть музыкальные способности и хотела, чтобы я стал музыкантом, но папа был против. Он хотел, чтобы из меня вышел спортсмен. А я мечтал стать инженером. Жизнь полна неожиданностей. Я поступил в медицинский институт. Медицина — очень сложная наука, она требует от человека отдачи всех сил и энергии. Я решил идти навстречу трудностям. Говорят: кто хочет, тот добьётся своего.

По характеру я жизнерадостный и общительный, у меня много друзей. Общение с ними всегда даёт мне много.

2. Немного о себе

Меня зовут Лина. В 1982 году я родилась в глухом селе на северо-востоке

Китая. В детстве я жила в селе у бабушки, там я провела весёлое детство. Мы всей семьёй переехали в Харбин, когда мне было 6 лет. В 8 лет я, как и все, пошла в школу. В школе я считалась старательной ученицей. По окончании средней школы, то есть в прошлом году, я поступила в Педагогический институт. Теперь я учусь на факультете математики. Моя мечта — стать математиком.

Я люблю жизнь, делаю её радостной. Я никогда не пропускаю случая, чтобы повеселиться с друзьями. И наверное, жизнь тоже мне улыбнулась, она дала мне возможность провести время с иностранными студентами на вечере в прошлом месяце. Я, конечно, была очень рада.

3. Немного о себе

Вы просите рассказать о себе? Да, что рассказывать? Жизнь у меня обычная: учился в школе, сейчас учусь в институте на четвёртом курсе. Ничего значительного ещё не успел сделать.

Родился в Ленинграде 8 марта, 21 год назад.

Когда мне исполнилось шесть лет, в нашей семье начались жаркие споры. Решали вопрос, где я буду учиться. Мама считала, что у меня есть музыкальные способности, и хотела, чтобы я стал музыкантом, но папа хотел, чтобы я стал инженером. Я учился в двух школах: общеобразовательной и музыкальной.

Ещё в школе я решил стать экономистом, поэтому поступил в Ленинградский финансово-экономический институт. Но любовь к музыке у меня осталась до сих пор. Что я ещё люблю? Книги. Папа шутит, что книги скоро вытеснят нас из квартиры. Но сам, как и мама, собирает библиотеку по своей специальности.

4. Немного о себе

Я — Михаил Сергеевич Плотников, преподаватель географии, работаю в Московском автомеханическом техникуме. Раньше я жил в маленьком городке под Москвой, где я родился и вырос. Здесь я окончил среднюю школу, потом приехал в Москву учиться. 8 лет тому назад окончил географический факультет МГУ и с тех пор работаю учителем географии.

Я очень люблю свою профессию и считаю её самой лучшей и самой интере-

сной на свете. Каждый раз, когда я веду занятия со студентами, мне кажется, что я не просто объясняю уроки, а вместе с ними путешествую по миру. Я, как преподаватель, стараюсь не только дать знания студентам, но и воспитать их настоящими людьми.

В свободное время я люблю заниматься спортом. Часто играю со студентами в футбол и волейбол. Спорт даёт мне здоровье и уверенность в себе.

5. Немного о себе

Моя фамилия Иванов, зовут Павел. Мне 21 год. Я родился в Киеве, в 1962 году.

В сентябре 1969 года я поступил в первый класс школы №8. Когда мне было 15 лет, я вступил в комсомол. За хорошую учёбу и общественную работу в десятом классе получил почётную грамоту. В июле 1979 года я окончил среднюю школу и поступил в Московский университет на химический факультет.

С детства я начал интересоваться химией и решил сделать её своей специальностью. Я люблю музыку, литературу и спорт, часто играю в шахматы, катаюсь на коньках. В свободное время я много занимаюсь английским языком и уже немного читаю по-английски.

У меня много хороших друзей. По праздникам я хожу в гости к ним или приглашаю их к себе. Дружба с хорошими ребятами даёт мне много.

6. Немного о себе

Меня зовут Сергей Дубов. В этом году мне исполнилось 33 года. Я родился в маленьком городе, в рабочей семье. Здесь ходил в детский сад и в среднюю школу. Здесь начал интересоваться футболом.

В 14 лет я поступил в спортивную школу. В 18 лет уже играл в городской команде. Потом ушёл в армию, а после армии переехал в Киев. Там я поступил в институт и продолжал играть в футбол. Скоро я стал известным спортсменом. Вместе с нашей командой я бывал во многих странах мира.

Сейчас я уже не играю сам, но футбол не бросил. Я работаю тренером и с удовольствием занимаюсь с молодёжью.

7. Немного о себе

Меня зовут Иван Алексеевич. Сам я с Северного Кавказа. Есть такой городок Апшеронск, вот там я родился. Когда подрос и школу окончил, было стремление учиться, побыстрее стать на ноги и помогать матери. Довелось мне работать и грузчиком на лесопилке и обрубщиком в литейном цехе. После технического училища стал оператором по добыче газа. Был комсоргом на нефтепромысле. В Якутии приобрёл ещё несколько рабочих специальностей. И всюду, как я убедился, высоко ценится умение делать своё дело мастерски и на совесть. Так постепенно стремление к профессиональному совершенству стало у меня одним из главных...

В Якутии я уже семь лет, и поэтому больше всего меня волнуют проблемы освоения Севера. С решением этих проблем и связано моё представление об одной из важных задач завтрашнего дня.

8. Немного о себе

Я журналистка. До сих пор в моей работе не было больших трудностей. Но вот сегодня я хочу рассказать о себе.

Меня зовут Ирина Казакова. Я русская. Биография у меня простая. Сначала я ходила в детский сад. Прошло время, и я пошла в школу. Училась я легко, любила петь, танцевать, много читала. После окончания школы поступила в институт. Но я не знала, кем я хочу стать. Учителем? Врачом? Учёным? В конце концов я пошла на юридический, выбрала своей специальностью международное право. Потом увлеклась журналистикой, стала журналисткой. Вот и вся моя биография. Школа. Институт. Работа.

Мне очень нравится моя работа. Я люблю ездить по стране, люблю встречаться с новыми людьми, люблю писать о хороших людях. Я думаю, что журналистика — это очень нужная и интресная специальность.

СЛОВА И ВЫРАЖЕНИЯ

(1) меня зовут... 我的名字叫……
(2) родиться в семье учителя 出生在教师家庭
(3) вырасти в деревне 在农村长大

(4) (кому) исполнился 21 год……满二十一岁

 (кому) исполнилось 25 лет (22 года)……满二十五岁(满二十二岁)

 (кому) исполнилась неделя……满一周了

(5) ходить в детский сад (в школу) 上幼儿园(上学)

(6) с детства мечтать стать (кем) 从童年就想成为一名……

(7) проявить особые способности к музыке 对音乐显露出特殊的才能

(8) из меня вырастает настоящий музыкант 我会成为一名真正的音乐家

(9) с детства полюбить рисование 从小就喜欢上绘画

(10) увлекаться музыкой 酷爱音乐

(11) начать интересоваться химией 开始对化学感兴趣

(12) решить сделать химию своей специальностью 决定把化学作为自己的专业

(13) избрать литературу своей специальностью 选择文学作为自己的专业

(14) эта профессия привлекала (кого) с детства 这种职业从小就引起……的兴趣

(15) сдать вступительные (приёмные) экзамены в вуз 通过入大学考试

(16) получить право на поступление в вуз 获得上大学的权利

(17) учиться на факультете русского языка 在俄语系学习

(18) прилежно учиться 勤奋学习

(19) развивать у (кого) интерес к журналистике (способность самостоятельно мыслить) (умение критически оценить свои поступки) (умение преодолевать трудности) 培养……对新闻专业的兴趣(独立思考的能力)(善于批评地评价自己的行为)(善于克服困难)

(20) готовить (кого) к самостоятельной жизни (к преодолению трудностей) 训练……独立生活(培养……克服困难)

(21) после окончания института (университета) 学院(大学)毕业后

(22) с отличием окончить (медицинский) институт 以优异的成绩毕业于(医)学院

(23) овладеть русским языком в совершенстве 精通俄语

(24) получить стипендию (почётную грамоту) за хорошую учёбу 因学习成绩优秀而获得奖学金(奖状)

(25) мечтать о научной работе 向往从事科学工作

(26) заниматься общественной работой 从事社会工作

(27) работать учителем истории в школе 在中学当历史课教师

(28) преподавать студентам русский язык 教大学生俄语

(29) читать курс литературы 上文学课

(30) учебный год начинается всегда моей лекцией 我的课总是在学年的开头上

(31) начать занятия с проверки домашнего задания 上课先检查家庭作业

(32) давать знания детям 教授孩子们知识

(33) строгий к себе и требовательный к ученикам 对自己、对学生要求都严格的

(34) открыть студентам дверь в огромный, ещё не изведанный мир науки 给学生们打开通往广阔的、尚未了解的科学世界的大门

(35) влюблённый в свой предмет 热爱自己所教课程的

(36) отдать себе отчёт в том, что... 意识到……

(37) обладать высокой педагогической культурой 具有很高的教育素养

(38) учить (кого) размышлению 教……思考

(39) воспитать (кого) из (кого) 或 (кого) (кем) 把……培养成……

(40) вырастить (кого) (кем) 培养……成为……

(41) отвечать за свои поступки 对自己的行为负责

(42) взять на себя чрезвычайно важную миссию 担负起极其重要的使命

(43) у (кого) сильно развито чувство долга…… 有强烈的责任感

(44) взглянуть (смотреть) в глаза правде 正视真理

(45) нетерпимый к лицемерию и эгоизму 对虚伪和自私不能容忍的

(46) направить все силы и энергию на свою работу 把所有力量和精力用于自己的工作

(47) вкладывать всю душу в работу 将整个身心投入到工作中

(48) делать человека более образованным 使人更有知识

(49) делать жизнь более интересной 使生活更加有意义

(50) воздействовать на (кого) силой примеров 用榜样的力量去影响……

(51) переменить работу 调换工作

(52) получить удовольствие от работы 从工作中得到快乐

(53) работать по своей специальности 干本专业工作

(54) выполнять обязанности директора 履行厂长的职责

(55) посвятить себя научной работе 献身科学工作

(56) внести вклад в дело социализма 为社会主义事业做贡献

(57) стать красным и квалифицированным человеком 成为又红又专的人才

(58) заявить о своём желании вступить в партию 提出入党愿望

（59）принять（кого）в члены партии 吸收……成为党员

（60）в свободное время больше всего любить играть в шахматы 业余时间最喜欢下象棋

（61）не пропускать ни одного концерта 不错过任何一场音乐会

（62）без ума от футбола 对足球着了迷

（63）большой любитель футбола 足球迷

（64）играть в городской команде 在市队踢球（打球）

（65）выступать за городскую команду 代表市队踢球（打球）

（66）получить звание мастера спорта по теннису 获得网球体育健将的称号

（67）получить золотые медали 获得几块金牌

（68）пользоваться известностью в мире 在世界享有盛名

（69）не останавливаться на достигнутом 没有停留在已取得的成就上

（70）не бросить футбол（не расстаться с футболом）没有放弃足球（运动）

（71）с удовольствием заниматься с молодёжью 很高兴给青年人上课

（72）радоваться их успехам 为他们的成绩感到高兴

（73）уделять полчаса чтению 抽出半小时读书

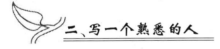

二、写一个熟悉的人

※[**写作要点**]该类文为描写文,主要塑造作者所敬爱(喜欢)的形象。这类文开始要点明主人公的姓名、职业,作一概括的介绍,接着从外貌,衣着描写入手,通过几个实例表现出主人公的思想、道德品质、高尚的情操,从而反映出作者对主人公的尊敬和爱戴。

如果写 Мой любимый учёный 也应分三点：

（1）Краткое представление учёного；

（2）Его выдающаяся работа и деятельность；

（3）Его заслуги и оценка о нём.

1. Мой любимый учёный

Я очень уважаю Михаила Васильевича Ломоносова потому, что он был великим русским учёным, учёным-энциклопедистом, выдающимся человеком большого и многогранного таланта.

Он родился в 1711 году на севере России в семье крестьянина-рыбака. Сын крестьянина, только в 12 лет узнавший грамоту, в 34 года стал профессором химии Петербургской Академии Наук. Он изучил физику, химию, географию, геологию и металлургию. Словом, трудно перечислить все его исследования.

Ломоносов был не только гениальным учёным, но и талантливым художником, поэтом, историком и филологом. Им была написана первая научная грамматика русского языка. В каждой области знаний Ломоносов намного опередил свой век.

Огромны заслуги Ломоносова в деле подготовки научных кадров в России. По его инициативе был создан МГУ, который теперь носит его имя.

Ломоносова высоко оценивали выдающиеся деятели русской культуры. Пушкин сказал: "Он (Ломоносов) создал первый университет. Он, лучше сказать, сам был первым нашим университетом".

2. Мой любимый человек

В жизни каждого человека есть уважаемые и любимые люди. Кто-то больше любит своих папу, маму или бабушку и других. А мой дедушка — самый уважаемый для меня человек.

Когда мне было шесть лет, дедушка уже не работал и вышел на пенсию. У него было много времени, чтобы читать книги по истории, географии, литературе и т. п. У нас в комнате на стене висело много карт. Дедушка всё знал о Китае, какое население, города, уезды. Он часто рассказывал мне об этом. Он учил меня писать слова и решать простые задачи по математике. Когда я с сумкой первый раз пошёл в школу, я уже знал много.

У моего дедушки был добрый, хороший, энергичный характер. Но один раз он рассердился: младший брат взял его книгу, порвал и потерял несколько страниц. Дедушка заметил и нашёл брата, строго спросил: "Почему ты взял мою книгу?" Брат заплакал от страха. Потом дедушка сказал: "Если любишь читать, дедушка купит тебе книги и много". Через несколько дней, правда, у младшего брата появилось много книг.

Без еды, воды можно прожить несколько дней, а без книги дедушка не мог жить. Через несколько лет я стал взрослым. Каждую неделю я возвращался домой и рассказывал обо всём, что я видел и слышал в институте.

У дедушки я научился многому.

Дедушка всегда живёт в моей памяти.

3. Мой любимый человек — отец

Мой отец — учитель, который работает в школе нашего района. Он серьёзный, добрый, человек с юмором. А мама, напротив, полная противоположность отцу, всегда сердитая. Поэтому они часто ссорятся. Но всегда отец первым идёт на примирение, он привык к терпению.

Сейчас ему за пятьдесят, но он не остаётся равнодушным к происходящему, он активно относится к жизни. Десять лет назад один случай заставил его начать изучать радиотехнику, и сейчас он прекрасный техник, поэтому в школе он учит не только математике, но и физике. Отец побывал почти во всех школах в здешнем месте. В каждой школе он славится своим качеством, он редко критикует нас, но мы всегда от него узнаём свои ошибки и охотно исправляем их. Отец очень рад нашему поступлению в университет. Он сказал мне и сестре: "Вы вместо меня осуществили мою мечту. В своё время, во время культурной революции желание поступить в университет было несбыточным". Он очень жалел об этом.

Сейчас в доме остались родители, я и сестра учимся в других городах. Каждый раз, когда мы возвращаемся домой, всегда уносим много денег. Сейчас он один кормит всю семью. Он никогда не требует от нас чего-нибудь, но бесплатно даёт нам много.

Это мой отец. У него прекрасное сердце. Я всему учусь у него. Я стараюсь стать таким человеком, как он.

4. Мой сосед

Мой сосед — хирург. У него ровные широкие брови, высокий лоб. Годы, кажется, не имеют власти над ним. С первого взгляда на лицо его, ты бы дал ему лет 40, а на самом деле ему уже было 50 лет. В его улыбке что-то детское.

Он работает в городской больнице. Несмотря на возраст, он никогда не жалуется на тяжёлую перегрузку. Он всегда занят работой, но ежедневно заглядывает в книги, поэтому он знает много.

Люди очень уважают его за обилие знаний. Он очень любит меня. Помню, когда я начала заниматься русским языком, я ничего не понимала, и в первый раз я сдала экзамен плохо. Тогда я чуть не заливалась слезами, а он успокоил меня: "Первый блин комом, старайся одержать историческую победу."

Его слова действительно оказали на меня большое влияние. До сих пор я ещё руководствуюсь ими. Мне повезло, что в моей жизни встретился такой человек.

5. Моя мать

Моя мать — простая китаянка. Я считаю, что она является моим самым любимым и уважаемым человеком. У неё рост невысокий, волосы побелели от времени, но она здоровая. Моя мать — сильный, волевой человек с добрым и горячим сердцем.

Мать трудолюбивыми руками растила своих детей целых двадцать лет. В моей памяти остались дела, в которых проявлялась забота о нас, хотя многое забыл.

Например, когда мне было лет двенадцать, рост был уже выше матери. Однажды ночью я заболел, температура была высокая, надо было сразу положить в больницу, но тогда кроме матери никого не было дома и мать одна с трудом несла меня в больницу.

Этот случай я помню до сих пор и буду помнить всю жизнь.

С детства мать учила нас любить труд и людей, учила нас любить жизнь, и она сама так делает. В годы, в которые я рос, мать всегда вела меня, загородив меня собой от трудностей, поэтому мне удавалось легко идти по пути жизни.

Мать! Какое великое прекрасное звание! Любовь матери самая великая и самая чистая вещь на свете.

Я люблю мою мать!

6. Моя учительница

До сих пор у меня в памяти человек, о котором я никогда не забуду. Это моя учительница.

Ма Хуа была моим классным руководителем. Она была моим первым учителем русского языка, человек среднего, даже можно сказать, невысокого роста, но очень симпатичный. У неё глаза не большие, но очень светлые. Она говорила

мало, но очень ясно и свободно.

Входя в класс, она всегда улыбалась. Но все очень боялись её: у неё были строгие требования к учёбе. Но в жизни она относилась к нам очень тепло. Она любила ходить в тёмном платье, хотя тогда ей было только тридцать лет. Она часто с нами пела и танцевала на вечерах. Я люблю её прекрасный характер.

Когда я окончил школу, она переехала в другой город — Далянь. Она не оставила нам свой адрес, связь прервалась, но до сих пор я ещё хорошо помню её.

7. Мой любимый человек

Моя бабушка — простая трудовая женщина. Она неграмотная, потому что её отец не разрешал ей учиться, хотя она очень хотела получить образование. До сих пор она всё ещё жалеет о своей судьбе. Раньше она надеялась, что женщины смогут получить высшее образование, но мечта не сбылась.

С детства я жил у бабушки. Она очень любила меня и часто говорила мне, чтобы я хорошо учился.

Каждое утро бабушка вставала раньше всех. Она готовила вкусное блюдо для меня, чтобы я мог хорошо учиться. Когда были приёмные экзамены в вуз, я возвращался из школы в девять часов вечера несколько дней подряд. Приготовив ужин, сидя у телевизора, она ждала меня. Наконец, я поступил в университет и надо было уехать в чужой город учиться. Моя бабушка очень обрадовалась и долго разговаривала со мной обо всём.

Хотя моя бабушка — простая трудовая женщина и каждый день она занимается обыкновенными делами, но, я знаю, у неё великая мечта. Такие женщины, как моя бабушка, малоизвестны, но скольких выдающихся людей они воспитывают!

8. Моя подруга

Мою подругу зовут Ира, а я часто называю её "Звёздочкой". Она красивая, высокого роста, большие глаза блестят. Летом она любит ходить в платье, и тогда кажется ещё красивее. Зимой она ходит в красном пальто, как огонь.

Она мягкая и молчаливая. В средней школе она училась не очень хорошо, и часто обращалась ко мне с вопросами. Когда я объяснял ей, она всегда внимательно слушала и смотрела на меня. Иногда мы вместе разговаривали об истории, философии, спорте, театре и др. Проводя вместе с ней время, мне всегда было очень приятно.

Но когда мы перешли в третий класс, её семья переехала на юг, и с тех пор, как она уехала, уже прошло тринадцать лет. Хотя больше я ни разу не видел её и не имею никаких сведений о ней, но она всегда остаётся в моей памяти.

9. Мой любимый русский писатель

В России много великих писателей. Но мой самый любимый — Лев Николаевич Толстой. Его называют не только писателем, но и мыслителем. Он оказал огромное влияние на русскую и мировую литературу.

Теперь я изучаю русский язык, и уже могу читать его произведения на русском языке. Его главные произведения — "Воина и мир", "Анна Каренина", "Воскресение". Я уже читала эти романы на китайском языке, а также смотрела русские и иностранные фильмы по его произведениям.

Мне запомнилась героиня Анна Каренина. Ее трагичная жизнь тронула меня до слез. Роман "Анна Каренина" экранизировали в разных странах мира много раз.

Из его биографии я знаю, что он родился в 1828 году в усадьбе Ясная Поляна, где провел большую часть своей жизни. Он представитель графской ветви дворянского рода Толстых, происходящей от петровского сподвижника П. А. Толстого. Писатель имел обширные родственные связи в мире высшей аристократии. Самый интересный факт из его жизни, что в Ясной Поляне он открыл школу для крестьянских детей, сам учил их грамоте и составил учебник.

Толстой прожил долгую насыщенную и интересную жизнь и умер на 82-м году. По его желанию его похоронили скромно на холме без цветов и памятника.

10. Мой сосед по комнате

Я учусь в университете. Университетская жизнь очень насыщенная и интересная. Много мероприятий, событий, впечатлений, новые друзья и товарищи.

Я живу в общежитии. В нашем общежитии очень уютно и комфортно. Светлые большие комнаты на 2 человека. У каждого свои кровать, шкаф, стол. Мы живем дружно, потому что мы не просто соседи по комнате, но и хорошие друзья. Очень важно, чтобы в комнате вместе собрались люди с одинаковыми взглядами, интересами, привычками.

Я хочу рассказать о моей соседке по комнате. Ее зовут Маша. У нее длинные темные волосы, большие зеленые глаза, пушистые ресницы, стройная фигура. У нее хороший добрый жизнерадостный характер.

Почему с ней подружились?

Во-первых, Маша любит спорт, как и я. Вечером мы вместе бегаем на стадионе, ходим в тренажерный зал, нам нравятся одинаковые виды спорта — волейбол и теннис.

Во-вторых, у нас совпадает отношение к учебе. Мы никогда не пропускаем занятия, вместе делаем домашние задания. Еще мы активно участвуем в жизни университета.

В-третьих, мы обе любим порядок. В нашей комнате всегда уютно и чисто. Каждую неделю мы делаем генеральную уборку.

В-четвертых, мы любим одинаковые виды отдыха. В свободное время мы ходим в театр и кино, в гости к друзьям, гуляем в парке или на природе.

В общем, перефразируя известное высказывание: "Скажи мне, кто твой сосед по комнате, и я скажу тебе, кто ты".

11. Мой любимый спортсмен

У каждого человека есть свои кумиры, в том числе кумиры в спорте. Мне очень нравится баскетбол. Это активный интересный вид спорта, к тому же очень популярный в Китае.

Мой любимый спортсмен Яо Мин. Он действительно уникальная личность. Сейчас Яо Мин уже завершил свою карьеру баскетболиста, но не покинул этот вид спорта, а продолжает заниматься им как спортивный комментатор, ведя репортажи с баскетбольных соревнований. В 2017 году Яо Мин был избран президентом Китайской баскетбольной ассоциации.

Родился мой любимый спортсмен 12 сентября 1980 года в Шанхае. Его родители были в прошлом профессиональными баскетболистами.

У него уникальный рост — 2 метра 29 сантиметров. На момент выступлений в НБА являлся самым высоким игроком в чемпионате. Он начал играть за

"Шанхайских акул" ещё в подростковом возрасте и выступал за эту команду 5 лет, далее с 2002 года играл за команду "Хьюстон Рокетс" (НБА) на позиции центрового.

Во время Олимпийских игр в Афинах 2004 Яо нёс китайский флаг на церемонии открытия, по его словам он "осуществил свою давнюю мечту". В 2016 году Яо Мин был включён в баскетбольный Зал славы.

Яо Мин является одним из самых узнаваемых и богатых людей Китая. О его первых годах в НБА был снят документальный фильм, а сам он в соавторстве написал автобиографию.

12. Мой любимый русский певец

Наверное, все в Китае знают и любят русского певца Витаса. Честно признаюсь, он и мой любимый певец. Сейчас я расскажу вам о нем.

Витас — это его сценический псевдоним. На самом деле его зовут Виталий Владиславович Грачев. Он не только певец, но и автор песен, и актер. Он родился в 1979 году в Латвии, но жил и учился в Одессе. У него есть жена и двое детей.

У него красивая внешность и он поет фальцетом — высоким голосом, за счет него он и стал популярным. Его самая знаменитая песня — "Опера №2". Также мои любимые песни — "Мама", "Все могут короли", "Звезда" и др.

Интересный факт, что Витас снимается и в китайских фильмах, например, в 2009 году он снялся в фильме "Мулан" (производство КНР), где сыграл героя Гудэ. А в 2012 году сыграл самого себя в китайском фильме "Стать звездой".

Витас за карьеру сделал несколько сольных программ и объездил с ними десятки стран мира. Его всегда очень тепло принимают в Китае. Официальный фан-клуб Витаса в Китае насчитывает более 1 миллиона человек, а в Шанхае установлена статуя в честь него. В чем же его необыкновенная популярность в Китае? Многие его китайские фанаты говорят, что любят его за уникальный высокий голос. Я мечтаю обязательно побывать на его концерте, когда он приедет в Китай.

13. Мой русский преподаватель

В нашей группе два иностранных преподавателя — Елена и Дмитрий. Они преподают нам русский язык. Это два очень интересных человека.

Елена — кандидат наук, она очень профессиональная, серьезная. Ее родной город — Иркутск. Это в Сибири, где самое глубокое озеро на планете Байкал.

На ее уроке мы читаем тексты и учим стихотворения русских поэтов, делаем грамматические упражнения. Теперь мы умеем читать стихи Пушкина, Есенина и других известных поэтов. Второй предмет "Разговорная практика". На этом уроке мы рассказываем диалоги, пишем сочинения, делаем презентации, чтобы тренировать устную речь.

Дмитрий тоже из Сибири, с Алтая. Он говорит по-китайски. Он очень открытый и дружелюбный. Все в группе любят его "голливудскую" улыбку. На его уроках мы практикуем разговорную речь, обмениваемся опытом, рассуждаем, составляем диалоги.

Каждый преподаватель дает нам много знаний и практики, поэтому мы учим русский язык с интересом и старанием. В свободное время наша группа и русские преподаватели пьем чай вместе и разговариваем о Китае и России по-русски, занимаемся спортом, ходим в кино, готовимся к конкурсам.

Мы все любим наших русских преподавателей, ведь как говорится "учитель — садовник, а ученики — цветы". Так пусть же наша дружба длится долгие года!

14. Мой любимый переводчик

Я уже несколько лет изучаю русский язык в университете. Уметь переводить — это неотъемлемая часть изучения любого иностранного языка. Поэтому я усердно учусь правильному переводу с русского языка на китайский, и с китайского на русский. Во многом для меня стал примером Цао Ин, один из знаменитых переводчиков произведений русских и советских писателей на китайский язык.

Цао Ин это литературный псевдоним и означает "молодая трава", а настоящее его имя Жунфэнь Шен. Он родился в 1923 году в обеспеченной семье, позже переехал в Шанхай. Начал изучать русский язык в 1938 году. Вначале брал частные уроки у русской домохозяйки, позже занимался у Цзян Чуньфана, знаменитого китайского переводчика, который стал известен как создатель Большой китайской энциклопедии.

Цао Ин переводил на китайский язык произведения таких известных писателей, как Михаил Шолохов и Андрей Платонов. Но самый большой его труд — перевод полного собрания сочинений Льва Толстого на китайский язык. Этот труд занял у него 20 лет (1978 – 1998 годы).

Цао Ин был очень уважаем в профессиональном кругу. Он был вице-президентом Китайского Союза Переводчиков, президентом Шанхайского Союза Переводчиков, вице-президентом Шанхайского Союза Писателей. Он являлся профессором Восточно-китайского педагогического университета и Сямэньского университета. Был принят в Союз Писателей России в 2006 году. Цао Ин прожил насыщенную жизнь и умер в возрасте 93 лет.

СЛОВА И ВЫРАЖЕНИЯ

(1) глаза (большие, голубые, чёрные, выразительные, живые, карие, серьёзные, умные) (大、天蓝色、黑色的、富于表情的、活泼的、褐色的、严肃的、聪明的) 眼睛

(2) у (кого) волосы (длинные, светлые, седые, тёмные) …… (长、浅色的、花白的、黑色的) 头发

(3) круглое (худое) лицо 圆(瘦)脸庞

(4) ходить в чёрной одежде 穿黑色衣服

(5) человек высокого (среднего) роста 高个的(中等个的)人

(6) человек (полный, средний, стройный, худой, широкоплечий) (胖的、不胖不瘦的、苗条的、瘦的、宽肩膀的) 人

(7) человек (внимательный, гостеприимный, добрый, образованный, молчаливый, отзывчивый, принципиальный, простой, решительный, самолюбивый, серьёзный, сильный, строгий, тёплый,) (用心的、好客的、好心的、有知识的、言语不多的、富有同情心的、有原则的、朴素的、果断的、自尊心很强的、认真的、力气大的、严厉的、热情的) 人

(8) человек с бородой (усами) 留胡子的人

(9) человек в очках (в свитере, костюме 带眼镜的(穿毛衣的、穿西服的) 人

（10）парень с характером 有个性的小伙子

（11）похож на（кого）как две капли воды 跟……长得就像两滴水一样相似

（12）правильные черты лица 五官端正

（13）выглядеть усталым на вид 样子看上去很劳累

（14）годы,кажется,не имеют над ним власти 似乎岁月对他不起作用(岁月的流逝似乎并没有改变他的面容)

（15）дать（кому）лет сорок 认为……有四十岁左右

（16）один из самых популярных людей 最驰名的(受人欢迎的)人之一

（17）характер（прямой,горячий）(直爽的、热情)性格

（18）у（кого）широкий круг интересов…… 兴趣广泛

（19）раскрылся передо мной образ этого великого человека 在我眼前出现了这个伟大人物的形象

（20）любить коллектив как свой дом 爱集体如家

（21）любить порядок 喜欢井井有条

（22）мечтать стать инженером 幻想成为工程师

（23）молчать о своём героизме 闭口不谈自己的英雄事迹

（24）говорить прямо в глаза 直接了当(当面)地说

（25）взяться за работу 着手工作

（26）влюблён в свою работу 热爱自己的工作

（27）внешность совпадает（с чем）外表与……一致

（28）возглавить надежду на（кого-что）希望寄托在……身上

（29）беречь дружбу,как зеницу ока 像保护眼珠一样保护友谊

（30）быть ответственным за свою работу 对自己的工作负责

（31）быть страстным в работе 热心工作

（32）Век живи,век учись. 活到老,学到老。

（33）верному другу цены нет 忠实的朋友胜千金

（34）в двух словах не расскажешь 几句话是讲不完的

（35）везёт（кому）во всём…… 在各方面都走运

（36）вести себя хорошо 表现得好

（37）взойти на вершину науки 攀登科学的高峰

（38）вправе признаться лучшим учителем 有权被认为是最好的老师

（39）в самом расцвете жизни 正当盛年

（40）вступить в партию（армию）入党(参军)

(41) выдержать конкурсные экзамены 通过选拔考试

(42) выйти на пенсию 退休

(43) выйдет из (него) хороший учёный (他)会成为一个出色的学者(科学家)

(44) вырасти взрослым 长大成人

(45) выступить с речью 发言

(46) годиться педагогическому делу 适合从事教育事业

(47) делать чёрную работу в науке 干科研工作中的粗活

(48) Дерево выращивают десять лет, а человека — сто. 十年树木,百年树人。

(49) для того и жить, чтобы трудиться 活着就是为了工作

(50) для того, чтобы овладеть другими естественными науками 为了掌握其它的自然科学知识

(51) достаточно взрослый, чтобы решать всё самостоятельно 长大成人了,足以独立解决一切问题

(52) достигнуть больших успехов 取得很大的成绩

(53) друга любить — себя не жалеть 为了朋友要舍身忘己

(54) друг познаётся в несчастье 患难中识知己

(55) жить навсегда в (чьей) памяти 永远留在……记忆中

(56) завести разговор с (ним) 同(他)交谈起来

(57) завидовать (ему) 羡慕(忌妒)(他)

(58) защитить диссертацию 通过论文答辩

(59) знать хорошо, кого любить и кого ненавидеть 爱憎分明

(60) идти гигантскими шагами, высоко подняв голову 昂首阔步

(61) как известно 正如所知(正如已经了解到的)

(62) касаться интересов всего коллектива 涉及整个集体利益

(63) (кто) оказался серьёзным человеком…… 原来是个认真的人

(64) легко иметь дело с (ним) 容易与(他)相处

(65) наградить (кого) орденом 授于……奖章

(66) нарушать дисциплину 破坏纪律

(67) найти путь к сердцам детей 找到通向孩子心灵之路

(68) на то они и комсомольцы 要么怎么是共青团员呢(因此才称得上是共青团员)

(69) не дать успокаиваться 不让人安静

(70) неохотно идти на разговор о деньгах 不愿意谈起钱的话题

(71) не проходит недели, чтобы они не поссорились между собой 没有一星期他们之间不吵架

(72) несмотря на возраст 尽管上了年纪

(73) не остаться равнодушным 不是漠不关心

(74) не стыдиться обращаться к другим с вопросом 不耻下问

(75) не хотеть отстать от других 不甘落后

(76) не успокаиваться на достигнутом и стремиться к новым успехам 百尺竿头，更进一步

(77) нет друга — ищи, а нашёл — береги 没有朋友要去找，有了朋友要珍惜

(78) развитие образования в нравственном, умственном и физическом отношениях 德、智、体全面发展的教育

(79) обращаться к (учителю) за советом 去老师那儿求教

(80) оказать большое влияние на (кого) 给予……很大的影响

(81) оправдать надежды 不辜负……希望

(82) оставить людям ценное наследство 给人们留下宝贵的遗产

(83) остаться один на один с природой 面对大自然

(84) отдать все свои силы обществу 把自己的一切力量献给社会

(85) отдать себе отчёт в важности науки и техники 了解（认识）到科技的重要性

(86) отличаться от товарищей своим умом 才智在同学中很突出

(87) отнимать у (кого) много времени 花费（占去）……很多时间

(88) относиться к (кому) с уважением 尊敬……（对……表示敬佩）

(89) пережить много на своём веку́ 饱经风霜

(90) перейти в другую школу 转入另一学校

(91) под руководством научного руководителя 在导师的指导下

(92) получить высшее образование 受到高等教育

(93) пользоваться большой популярностью 享有很大声誉

(94) помогать чем мочь (两动词同时变位) 尽可能地帮助

(95) поступить в институт 上大学

(96) преодолеть трудности 克服困难

(97) прервать связь с другом 同朋友中断联系

(98) приблизить воспитателя к воспитаннику 使教育者接近受教育者

(99) привыкнуть сам(-а) решать трудные вопросы 习惯自己解决难题

(100) применять теорию в практике 将理论用于实践

（101）принадлежать к разным поколениям 属于不同的几代人

（102）принести обществу добро и пользу 给社会带来益处

（103）принимать самостоятельное решение 独立决定

（104）принять (кого) в институт 接收……入大学

（105）присвоить (кому) учёную степень 授予……学位

（106）приучить себя к сдержанности 使自己习惯有抑制能力

（107）производить глубокое впечатление на (кого) 给……留下深刻印象

（108）произошли большие перемены в нашем быту 在我们日常生活中发生很大变化

（109）пропускать свою очередь 错过自己的机会

（110）разработать план 制定计划

（111）рваться упрямо в тяжёлые места 坚决去艰苦的地方

（112）родиться и вырасти в деревне 生长在农村

（113）садиться за книгу, сидеть за книгой 钻研书本

（114）сидеть без дела 无事可做

（115）скучать по родителям 想念父母

（116）...слишком молод, чтобы учить аспирантов……太年轻教不了研究生

（117）собирать информацию 收集信息

（118）сознательно идти на трудности 自觉地迎着困难上

（119）сосредоточиться на учёбе 精力集中在学习上

（120）ставить учёбу на первое место 把学习放在第一位

（121）схватить (кого) за руки 抓住……的手

（122）считать (кого) честным 认为……是诚实的

（123）требовательный к себе 对自己要求严格的

（124）удаться делать (что) 成功地做……（做……做成了）

（125）увлекаться музыкой 酷爱音乐

（126）хвастаться своими успехами 夸耀自己的成绩

（127）...предан(-на) делу партии в области просвещения……忠诚党的教育事业

（128）человек сам не знает себя в благоприятных условиях 人在顺利条件下不认识自我

（129）узнать себе цену 知道自我价值

（130）служить образцом нашей жизни 是我们生活的榜样

Ⅱ. 记事（按图示、文字提要或单纯命题作文）

一、看图作文

※[**写作要点**]看图作文实质是给一幅图或一组图写一篇解说词。看图作文可分为两种：一种是根据图画内容作文，图画所表达的内容就是文章的内容（如 Новогодний концерт）；另一种是根据图画的线索作文（如 Создать свой мир в условиях рыночной экономики.）。对一幅图画往往可以作为事件过程来描述或说明。写这类作文时首先要找出各图内容之间的有机联系，领悟图画的主题思想，然后注意观察，找出人物主次、事件发生时间和地点等。并且在此基础上作合理想象和必要的补充，把图画中所提供的信息，转化为文字。看图作文，既可以把图中人物作为自己，以第一人称来写（如 Новогодний концерт），也可以把图中人物或事情作为对象，从作者或读者的角度写（如：Создать свой мир в условиях рыночной экономики.）。

1. Напишите сочинение на тему «Новогодний концерт» по следующим картинам.

Новогодний концерт

Наступило 31 декабря, когда все с нетерпением ждут Нового года. У нас в институте, как правило, в этот день устраивают новогодний концерт в клубе.

Концерт открывается выступлением институтского хора, который исполняет любимые студенческие песни. После этого популярная среди вузов певица Ван Хуа поёт песню «Река Луна» на английском языке. Она поёт с чувством, ей аккомпанирует на пианино Ли Фан. Зал слушает её, затаив дыхание. Затем певцов сменяют танцоры. Танцы народов Азии с участием ребят факультета иностранных языков пользуются большим успехом у зрителей. В заключение ставится наша пьеса, в которой я играю главную роль. Все встречают её лучше, чем я ожидал.

В 10 часов одна девушка объявляет концерт, который прошёл с успехом, закрытым. Мы уверены, что выступления доставили всем большое удовольствие.

СЛОВА И ВЫРАЖЕНИЯ

(1) открыть концерт (вечер) 宣布音乐会(晚会)开始

(2) организовать концерт (вечер) 组织音乐会(晚会)

(3) приглашать (кого) на новогодний концерт (вечер) 邀请……参加新年音乐会(晚会)

(4) Концерт состоится в субботу вечером 音乐会在星期六晚上举行

(5) Программа была прекрасной (所有)节目(都)很好

(6) украшать зал цветами и разноцветными лампочками 用鲜花和彩灯装饰大厅

(7) выступать на сцене 登台演出

(8) выступать на концерте (вечере) 在音乐会(晚会)上演出

(9) выступать перед студентами 为大学生们演出

(10) исполнить танец (танцы) 演出舞蹈(表演舞蹈)

(11) играть на скрипке (на пианино) 拉小提琴(弹钢琴)

(12) исполнять современные песни под гитару 在吉它伴奏下演唱现代歌曲

(13) (Он) без ума от пекинской оперы. (他)对京剧都迷疯了。

(14) Зал отвечает на его выступление дружными аплодисментами. 全礼堂的观众对他的表演报以友好的掌声。

(15) уходить со сцены 走下舞台

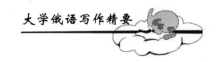

(16) кончить концерт 结束音乐会

(17) Кончается концерт. 音乐会快要结束了。

(18) На вечере все выступления были на высоте. 晚上的所有演出都很有水平。

(19) Концерт прошёл успешно (хорошо, плохо). 音乐会办得顺利(很好,不好)。

(20) читать стихи (короткий рассказ) 朗诵诗(短文)

(21) петь народную песню (современную песню, иностранную песню) 唱民歌(现代歌曲,外国歌曲)

(22) петь (читать) с большим чувством 深情地(带着感情地)唱(朗诵)

(23) танцевать неплохо (хорошо, прекрасно) 舞跳得不错(好,优美)

(24) готовиться к вечеру 为晚会作筹备工作

(25) Концерт (Вечер) получился удачным. 音乐会(晚会)举办得很成功。

(26) пользоваться большим успехом 受到好评

(27) произвести хорошее (плохое, глубокое) впечатление на (кого) 使……产生好(坏,深刻)的印象

(28) присутствовать на концерте 出席音乐会

(29) смотреть (слушать) с большим интересом 兴趣盎然地看(听)

(30) оставаться в памяти у (кого) 给……留下印象(留在……的记忆里)

(31) обменяться впечатлениями о концерте (вечере) 交流对音乐会(晚会)的看法(感想)

2. Напишите сочинение на тему «Создать свой мир в условиях рыночной экономики» по следующим картинам.

Создать свой мир в условиях рыночной экономики

Конкуренция — неотъемлемая часть рыночного хозяйства. Она порождает мощные мотивационные стимулы. Рынок, как регулятор, наиболее конструктивно и автоматически действует в сравнительно однородном обществе в режиме непрерывной корректировки(校正).

Тот, кто повторяет сделанное другим, следует за другим, победителем не станет. Чтобы занять устойчивое место на рынке, необходимо неустанно исследовать, анализировать и осваивать новый рынок. Для этого нужно искать новые факты, вести всесторонние наблюдения. Запомните, новое — всегда непобедимо. Но первый блин комом. Самое главное — не останавливаться на полпути, смело идти навстречу вызову. Нужно всячески создавать свой мир, становиться знатоком рыночной конкуренции.

Мы, студенты нового тысячелетия, должны читать не только учебники, но и книги, не входящие в программу, изучать свою специальность подробно, не жалея времени. Мы должны искать новые факты в современной науке и технике. Чтобы стать отличным менеджером в будущем, надо сейчас быть хорошо подготовленным. Самое большое наслаждение и удовлетворение приносят человеку труд и творчество. Создавать свой мир в условиях рыночной экономики — дело необходимое и возможное.

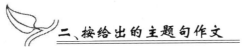

※ [写作要点]把握命题的意图和要求,根据给出的主题句,紧扣主题,续写的内容和细节必须与主题句在意义和文体上一致,切忌偏离主题或文体不一致。

Продолжите рассказ и напишите, что делается у друга в гостях.

У друга в гостях

Ли Мин — мой хороший друг детства. Но теперь мы редко встречаемся, потому что...

У друга в гостях

Ли Мин — мой хороший друг детства. Но теперь мы редко встречаемся, потому что учимся в разных институтах. На прошлой неделе я впервые ходил к нему в политехнический институт в гости.

Увидев меня, он очень обрадовался. Уже время обедать. За обедом мы с большим интересом разговаривали друг с другом о том, как учились и проводили свободное от занятий время. Из разговора я узнал, что мой друг добился больших успехов в учёбе и в общественной работе, но не останавливается на достигнутом, а продолжает стараться служить для всех примером. После обеда он предложил погулять по территории института, чтобы познакомить меня со своим институтом. В пять часов мы попрощались. На прощание я пригласил его когда-нибудь прийти ко мне в гости. Он с удовольствием согласился.

Мы вместе весело провели время.

СЛОВА И ВЫРАЖЕНИЯ

(1) собираться у кого 聚在……那里
(2) приглашать (кого) к столу 请入席(请就餐,请坐下吃饭)
(3) приходить к (кому) за советом 找……出主意,同……商量
(4) вызывать (кого) на помощь 向……求助,请……帮助
(5) бывать в гостях у (кого) 常常在……那里作客
(6) поехать погостить к (кому) 去……作客
(7) приехать к (кому) в гости 到……去作客
(8) перевести разговор на работу 把话题转向工作
(9) говорить (кому) прямо в лицо своё мнение 对……坦率地说出自己的看法
(10) влиять на (кого) 影响到……
(11) вести себя хорошо (плохо) 表现得好(不好)
(12) быть в духе 心情好,情绪好
(13) вылететь у (кого) из головы ……忘记,忘掉
(14) держать в памяти тот случай (день) 牢记(记住)那件事(那一天)
(15) жить в согласии с (кем) 与……和睦相处(生活)
(16) задержать (кого) на минуту 耽误……一会儿
(17) напоминать (кому) его слова 使……想起他的话
(18) Наступит время, когда он исполнит свою мечту: поступить в вуз. 总有那么一天,他一定会实现自己的理想考上大学的。
(19) оказать влияние на мой выбор (моё мнение, моё отношение) 对我的选择

(观点,态度)产生影响

(20) согласен с (кем) 同意,赞同……(意见)

(21) с того дня...стать понимать, что должен(-на,-ны) старательно учиться 从那一天起……就开始明白应当努力学习了

(22) сходиться во мнениях 意见一致

(23) сидеть лицом к (кому) 面对……坐着

(24) выйти (выходить) из дому 从家里出来

(25) угостить (кого) фруктами 用水果款待……

(26) неохотно попрощаться с (кем) 不情愿地与……分手(告别)

(27) вернуться (возвращаться) довольным 满意而归

(28) ждать следующую встречу 期待着下一次见面

(29) советовать (кому) (что делать) 建议……去(做什么)

(30) оставить (кого) вместе пообедать 留……一起吃饭

三、按规定情景写作

※[**写作要点**]根据给出的情景(即写作提纲或要点)及情景中所提供的信息或思想,理解其内容和要求,抓住要点,确定中心,然后围绕确定的中心进行扩展。

Напишите сочинение по ситуации: вы почувствавали себя плохо и показались врачу.

У врача

В последние дни мне нездоровилось, всё время чувствовал слабость, поэтому я решил пойти в поликлинику.

Войдя в поликлинику, первым делом пошёл в регистратуру, где покупают талоны на приём к врачу. В кабинете врач спросил, на что я жалуюсь. После того как врач внимательно осмотрел меня и выслушал, он определил, что у меня грипп. Он выписал мне лекарство против гриппа и сказал, что надо делать уколы два раза в день. Поблагодарив врача, я отправился в аптеку за лекарством.

Я выполнил все советы врача и через несколько дней полностью выздоровел.

СЛОВА И ВЫРАЖЕНИЯ

(1) чувствовать себе плохо (хорошо) 自我感觉不好(很好)

(2) был (была) болен(-льна) гриппом (аппендицитом) 患感冒(阑尾炎……)

(3) (кому) плохо……感觉不好

(4) (у кого) высокая (нормальная) температура……发高烧(……体温正常)

(5) у (кого) болит (болят) голова (ноги, руки)……头(脚,手)疼

(6) (кому) нездоровится (нездоровилось)……感觉不舒服

(7) выпросить себе отпуск у преподавателя 向老师(给自己)请假

(8) вызвать врача на дом 请大夫到家(出诊)

(9) поехать в больницу 去医院

(10) отправить (кого) в больницу 把……送医院

(11) пойти к врачу на осмотр 去大夫那儿作检查

(12) получить (взять) лекарство от гриппа (для глаз) 取感冒(眼)药

(13) принимать лекарство один раз (два раза, три раза) в день 一天服一次(两次,三次)药

(14) принимать лекарство на ночь 睡前服药

(15) делать укол больному 给病人打针

(16) у (кого) хороший (плохой) аппетит……胃口好(不好)

(17) поможет укол (лекарство) 打针(吃药)有效

(18) положить (кого) в больницу на операцию 送……去医院作手术

(19) лечь в больницу на операцию 住院作手术

(20) сделать (кому) операцию 给……作手术

(21) измерить температуру 测体温

(22) измениться к лучшему 转好

(23) прийти в себя 恢复知觉

(24) потерять сознание 失去知觉

(25) быть без сознания 处于昏迷状态

(26) выписать (кого) из больницы 让……出院

(27) у (кого) плохо с сердцем……心脏不好

(28) поправиться через немного времени (месяц) 过了不长时间(一个月)便恢复健康

(29) быть в порядке 正常(就绪)

Напишите сочинение по ситуации: вы с ребятами договорились совершить прогулку на природу.

Осенняя прогулка

Наступил октябрь. Осень — самое замечательное время года в Харбине.

Мы с ребятами договорились, что в субботу поднимаемся на гору Солнце, которая является живописным местом на острове Солнце. Особенно хороша гора Солнце осенью.

В десять часов мы приехали и стали подниматься на гору по крутой дорожке. По пути мы любовались чудесной многоцветной природой. Задержались на большой поляне, чтобы отдохнуть, а потом поднялись на самую вершину горы.

Вот мы и на вершине, перед нами открылся прекрасный вид. Лес, весь в золоте, поднимался по склонам горы. На некоторых деревьях виднелись красные ягоды. Невдалеке тихо текла река Сунгарь, а вдали высокие здания стояли лесом. Посидев в большой беседке, мы начали спускаться вниз.

Хотя мы очень устали, но все вернулись домой весёлыми и довольными.

СЛОВА И ВЫРАЖЕНИЯ

(1) собираться в выходные дни 在休假日聚会
(2) поехать за город (к морю) 去郊外(去海边)
(3) решить пойти в горы 决定到山里去
(4) ездить на экскурсию по Пекину 去游览北京城
(5) ехать по реке на теплоходе 乘轮船在河上航行
(6) гулять по лесу 在森林里散步
(7) купаться в реке 在河里游泳
(8) ловить рыбу 钓鱼
(9) кататься на лодке (на коньках) 划船(滑冰)
(10) лазить по горам 爬山
(11) любоваться восходом солнца 欣赏日出
(12) приглашать (кого) на прогулку за город 邀请……去郊外游玩
(13) подышать свежим воздухом 呼吸新鲜空气
(14) побывать за городом (в лесу) 去郊外(林中)转转(玩玩)

（15）осматривать много достопримечательностей 参观许多名胜古迹

（16）подняться на гору 爬上山

（17）спуститься по дорожке вниз 沿小路下山

（18）открылся перед（кем）прекрасный вид 美丽的景色呈现在……面前

（19）фотографироваться на память 照相留念

（20）оставаться в памяти у（кого）留在……记忆中

（21）не верить своим глазам 不相信自己的眼睛，难以置信

（22）раскрыть（кому）глаза 打开……的眼界

（23）вернуться усталым 疲倦而归

（24）не мочь забыть эту прогулку никогда（永远）无论什么时候也不能忘记这次游玩

（25）проводить время весело 愉快地渡过时光

（26）решить выехать пораньше и возвратиться домой попозже 决定早点出发，晚点回来

（27）остановиться на берегу реки 逗留在岸边

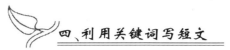四、利用关键词写短文

※[**写作要点**]关键词一般限定了短文的主题思想和范围，因而要根据所给题目和主要词语判断出中心思想和内容层次，并把所给词语自然地运用到语句中，同时要注意词之间的搭配关系，避免语法错误和语义错误。

Напишите сочинение на тему «На выставке», употребив следующие слова и словосочетания：открыться, план выставки, павильон, выставлять экспонаты, представление, поразить, разнообразие, уровень жизни, впечатление, идти быстрыми шагами.

На выставке

На днях я прочитал в газете, что в нашем городе открылась выставка продукции лёгкой промышленности.

В субботу я поехал на выставку. Познакомившись с планом выставки, я решил в первую очередь пойти в главный павильон. Здесь выставлены многочисленные экспонаты, графики, фотографии, которые могут дать посетителям общее представление о развитии лёгкой промышленности. Осмотрев этот павильон, я зашёл в павильон «Электроприборы». Он поразил меня разнообразием таких экспонатов, как телевизоры, холодильники, стиральные машины новой конструкции, которые всё глубже и глубже входят в наш быт. Потом я побывал в павильоне «Одежда», где было особенно много народу. Видно было, что людям хочется одеваться более модно и красиво. Это тесно связано с повышением уровня жизни народа.

Выставка произвела на меня глубокое впечатление. Она показала, что наша страна быстрыми шагами идёт по пути модернизации.

СЛОВА И ВЫРАЖЕНИЯ

(1) Открылась выставка. 展览会开幕了
(2) устроить (организовать) выставку 组(筹)办展览会
(3) посетить (осмотреть) выставку 参观展览会(仔细观看展览会的展品)
(4) пойти на выставку 到展览会(参观)
(5) ... был (была, были) на выставке……到展览会去(参观)过
(6) получить общее представление о выставке 得到对展览会总体的看法
(7) произвести на (кого) глубокое впечатление 给……留下很深的印象
(8) бросается (-ются) в глаза 引人注目
(9) ЭВМ входит в быт 电子计算机正在进入日常生活
(10) знакомиться с самыми последними достижениями нашей страны в области лёгкой промышленности 了解到我们国家在轻工业方面的最新成就
(11) Представлена (Выставлена) художественная и научно-техническая литература на выставке. 展览会上陈列(展览)着文学艺术和科学技术书籍。
(12) доставить (кому) удовольствие 给……以满足
(13) увозить с собой глубокое впечатление 带走深刻的印象
(14) поделиться (обменяться) с (кем) впечатлениями о (ком-чём) 与……交流对……的感想
(15) (кого) интересует (-ют) 使……感兴趣
(16) интересоваться домашними электроприборами 对家用电器感兴趣
(17) Можно увидеть много домашних электроприборов на выставке. 在展览会上可以看到许多家用电器。
(18) ... привлекает(-ют) (привлёк) (-ла, -ло, -ли) внимание……引人注意(已

经引起……的注意)

(19) ходить по залу 在大厅里漫步

(20) ...поразил (-ла,-ло,-ли) (кого) ……令……震(吃)惊

(21) рассказать о своих впечатлениях 谈自己的感受

(22) Выставка показывается (кому) удачной. ……认为展览会很成功。

(23) Выставка успешно закончилась. 展览会顺利结束了。

(24) Выставка прошла успешно. 展览会办得很顺利。

五、按命题写介绍性说明文

※ [**写作要点**]介绍性说明文的着眼点是事物的总体概况,即要使读者从几个主要点大致了解该事物。首先应对该事物进行既全面又概括的评价,然后对几个主要部分作局部介绍,必要时可点出各部分之间的联系。

Наша страна

Наша страна — Китайская Народная Республика, славящаяся во всём мире древней историей и неповторимой культурой. Она расположена в Восточной Азии. По площади занимает третье место после СНГ и Канады. Есть у нас в стране высокие горы, покрытые снегом, глубокие реки, бегущие по широким равнинам, плодородные поля, дающие богатый урожай. Она богата и природными ресурсами.

За пять тысяч лет своего существования она внесла большой вклад в развитие мировой культуры, науки и техники.

Хотя было время, когда Китай был бедным и отсталым, но после освобождения, особенно в последние годы, он встал на путь бурного развития в результате проведения политики реформ и открытости экономики.

Мы гордимся своей страной и трудимся на благо её могущества и процветания.

СЛОВА И ВЫРАЖЕНИЯ

(1) Китай — одна из величайших и древнейших стран мира. 中国是世界上最伟大最古老的国家之一。

（2）По числу населения Китай занимает первое место в мире. 中国人口占世界第一位。

（3）Наша страна расположена в восточной части Азии, занимает огромную территорию и природные богатства. 我国位于亚洲的东部,面积广大,资源丰富。

（4）Китай граничит с 15 странами мира. Он имеет длинную сухопутную границу и морской рубеж. С севера на юг его омывают Бохайский залив, Жёлтое, Восточно-китайское и Южно-китайское моря. 中国与十五个国家接壤,有漫长的陆地边界和海岸线。从北向南环绕着渤海湾、黄海、东海和南海。

（5）Территория Китая составляет 9 миллионов 600 тысяч квадратных километров. 中国的领土是960万平方公里。

（6）Китай представляет собой единое многонациональное социалистическое государство. 中国是一个团结统一的多民族的社会主义国家。

（7）Благодаря разнообразному климату у нас в стране выращиваются разнообразные цветы и фрукты, хлебы и растительности. 由于多样的气候我国可生长各种各样的花卉、水果、谷物和植物。

（8）На северо-востоке зима долгая, морозная, температура доходит до 40 градусов ниже нуля. Весна короткая, лето прохладное. 东北的冬天漫长寒冷,温度达到零下四十度。春天短暂,夏天凉爽。

（9）На Северо-китайской равнине порядочно сменяется четыре времени года, где растёт пшеница, чумиза, хлопок и другие сельскохозяйственные культуры. 华北平原四季变化有序,生长着小麦、谷子、棉花和其他农作物。

（10）На юге зимы не бывает, круглый год весна. 南方没有冬季,一年四季如春。

（11）В одно и то же время в разных местах нашей страны наблюдается очень большая разница в температуре воздуха. 我国同一时间不同地点的温差很大。

（12）История Китая насчитывает болле 5 тысяч лет, моя Родина — одна из самых древних цивилизованных стран в мире. 中国有5 000多年的历史,我的祖国是世界文明古国之一。

（13）Растительность Китая богата и разнообразна. Только одних деревьев в стране насчитывается более 1000 видов. 中国的植物资源丰富多样。仅一个树种就有上千个品种。

（14）Животный мир Китая также богат, в нём самые разные звери, птицы и рыбы. 中国的动物世界也丰富多彩,这里有品种繁多的动物、鸟和鱼。

（15）Китайская земля — это великая кладовая природных богатств, в которой хранятся и залежи угля, нефти, природного газа, и чёрные, редкие, цветные металлы. 中国大地是巨大的自然资源宝库,这里埋藏着煤、石油、天然气、黑色金属、稀有金属和有色金属。

（16）Китай — самая населённая страна мира. 93% населения — ханьцы. В оставшиеся 7% входят представители 55 национальных меньшинств, среди которых наиболее многочисленны чжуан, хуэй, уйгуры, мяо, монголы и тибетцы. 中国是世界上人口最多的国家。93%的居民是汉族,其余的7%是55个少数民族,少数民族中人数最多的是壮族、回族、维吾尔族、苗族、蒙古族和藏族。

（17）Китайский народ старается осуществить социалистическую модернизацию в четырёх областях: промышленности, сельском хозяйстве, науке и технике, обороне. 中国人民努力实现社会主义四个现代化:工业现代化,农业现代化,科技现代化和国防现代化。

（18）Достопримечательных мест не перечислишь. Великая китайская стена длиной в 6 с лишним тысяч километров по грандиозности сооружения не знает себе равных в мировой архитектуре. 名胜古迹数不胜数。六千多公里的长城建筑宏大,在世界建筑史上都无与伦比。

（19）Скоростные современные автострады, транспортные развязки, подземные и мостовые переходы и много другого, чего не было раньше, придали нашей стране новый облик. 现代化高速公路、立交桥、地下通道、天桥和许多以前没有的东西使我们国家焕然一新。

（20）В последние годы Китай добился огромных успехов в социальной, экономической, научной, техничекой и культурной сферах. Значительно улучшается жизненный уровень населения, и непрерывно повышается авторитет Китая в международном сообществе. 近些年中国在社会、经济、科技和文化领域取得了显著成就。居民的生活水平明显提高,中国在国际社会的威望也不断上升。

（21）Мы, молодёжь 21 века, обязаны взять на себя ответственность развивать Китай, чтобы наша страна была на высоком мировом уровне. 我们作为21世纪的青年,有责任肩负起发展中国的重任,使我国跻身于世界先进水平。

（22）Жизнь трудящихся в нашей стране с каждым днём становится лучше. 我国

劳动人民的生活逐渐变好。

(23) беречь Родину от врага 保卫祖国免受敌人的侵犯

(24) иметь важное значение 有重大的意义

(25) наш народ борется за то, чтобы 我国人民为……而奋斗

(26) Мы любим нашу Родину всем своим сердцем. 我们全身心地热爱祖国。

(27) передаваться из поколения в поколение (被)一代接一代地传下去

(28) С Родиной мы не расстанемся никогда. 我们永远也不会与祖国分离。

(29) назвать нашу Родину с огромной гордостью 以极其自豪的心情提到自己的祖国

(30) добиться большого культурного прогресса 取得巨大的文化进步

(31) Наша Родина открывает большие просторы перед каждым. 我们祖国赋于每个人一片广阔天地。

(32) жить с Родиной одной жизнью 与祖国共命运

Наш университет

Я учусь в Северо-Восточном лесном университете, который готовит инженеров по разным специальностям, но в основном инженеров по лесоводству.

В нашем институте двенадцать факультетов, на которых учатся более пяти тысяч студентов.

Наш университет занимает большую территорию, где построено пять современных учебных корпусов, восемь удобных студенческих общежитий и библиотека, в которой помещаются сотни тысяч книг.

При нашем университете создан клуб, где студенты проводят свободное время. Если студенты хотят заниматься спортом, могут идти на спортивную площадку, в бассейн или на каток. Больных принимают в специальной студенческой поликлинике, которая находится на территории университета.

Словом, наш университет — не только место для учёбы, а в полном смысле студенческий городок. Я люблю наш университет.

СЛОВА И ВЫРАЖЕНИЯ

(1) Наш институт (университет) относится к знаменитым высшим учебным заведениям. 我院(校)是一所著名的高校。

(2) Факультет разделён на несколько отделений, которые создаются по группам

однородных специальностей. 系分为几个专业，专业是根据同类学科来划分的。

（3）Право на поступление в вуз предоставлено всем гражданам, имеющим законченное среднее образование. 每一个受到中等教育的公民都有权利报考大学。

（4）Учебный год делится на два семестра. 一学年分为两学期。

（5）Каждый семестр завершается экзаменационной сессией. 每学期末是考期。

（6）После сессии начинаются студенческие каникулы. 考期之后是学生的假期。

（7）Студенты, имеющие задолженность по трем дисциплинам, могут быть отчислены из вуза за неуспеваемость.（有）三科不及格的学生可能会被学校除名。

（8）В основе организации учебного процесса лежит органическая связь теоретического обучения с практической работой студентов. 组织教学活动的基础是学生的理论教学与实践活动的有机结合。

（9）Наш институт был основан в 1950 году. 我院建于1950年。

（10）Наша библиотека вызвала восхищение посетителей изысканной формой. 我们图书馆的典雅造型使参观者赞叹不已。

（11）Напротив учебного корпуса расположена библиотека. 教学楼的对面是图书馆。

（12）Слева и справа от общежития возвышаются сосны, высаженные более 100 лет назад. 宿舍楼的左右两侧挺立着一百多年前栽植的松树。

（13）Гармонично сочетаясь с зеленью цветов и трав, эта скульптура служит украшением территории института. 因为与花草的绿色很协调，这座雕塑成为校园一景。

（14）История института тесно связана с деятельностью крупных учёных. 学院的历史与一些大科学家的活动密切相关。

（15）Наше общежитие — постройка из красного кирпича. 我们的宿舍是一座红砖建筑。

（16）Клумбы института с ранней весны до поздней осени украшают цветы. 学院的花坛从早春至深秋都盛开着鲜花。

（17）(институт) готовит инженеров по строительству (学院)培养建筑工程师

（18）учиться на втором курсе 在二年级学习

（19）срок обучения — 4 года 学制为四年

（20）Учебные дисциплины делятся на общенаучные и специальные. 课程分为基

础课和专业课。

(21) Студент по желанию выбирает различные факультативные дисциплины. 学生自愿选择各种选修课。

(22) Большое внимание уделяется научно-исследовательской работе. 十分重视科研工作。

(23) Студенты занимаются в научных кружках. 学生们在科学小组里学习。

(24) Наш факультет был открыт в феврале 1960 года. 我系建于1960年。

(25) Тысячи студентов уже окончили наш факультет. 已有数千名学生于我系毕业。

(26) Студенты посещают специальные лекции и семинары. 学生听专题讲座并参加课堂讨论。

Мой родной город

Мой родной город Харбин — административный центр провинции Хэйлунцзян с большим промышленным комплексом, ядром которого является машиностроение. Здесь живёт более пяти миллионов жителей. Он также известен во всей стране своим замечательным пейзажем. Его берега реки Сунгарь кажутся особенно красивыми, когда расцветает сирень. На южном берегу расположен парк имени Сталина, а посреди реки находится чудесное место для отдыха — Солнечный остров.

Зима в Харбине холодная, но, несмотря на холод, город привлекает много туристов из разных уголков страны и из-за рубежа своими разнообразными ледяными скульптурами. Каждый год в Харбине торжественно отмечают Праздник льда и снега.

В последние годы Харбин развивается быстрыми темпами благодаря осуществлению политики реформ и открытости экономики. Харбинская торгово-экономическая ярмарка, которая проводится раз в год, значительно способствует подъёму экономики.

Я горжусь своим родным городом. Он хорошеет и молодеет с каждым днём.

Экскурсия по городу

В летние каникулы мы с ребятами совершили экскурсию по нашей столице

Пекину, который является одним из самых больших и древних городов Китая.

Мы начали экскурсию с площади Тяньаньмынь. Там мы посетили музей Гугун — бывший императорский дворец, в котором увидели множество зданий, построенных в стиле типичной китайской архитектуры. Потом мы осмотрели Великую китайскую стену, являющуюся гордостью и славой нашего народа. Её начали строить более двух тысяч лет тому назад, чтобы защитить Китай от нападения северных народов. Ведь недаром говорят, что тот не настоящий герой, кто не поднялся на самую высокую точку Стены. Все, кто поднялся наверх, испытали чувство восхищения перед её величием. В конце концов мы погуляли по парку Ихэюань, который считается самым живописным местом Пекина.

Экскурсия произвела на нас большое впечатление и пробудила глубокую любовь к Пекину и уважение к нашему трудолюбивому народу.

СЛОВА И ВЫРАЖЕНИЯ

(1) город расположен на берегу реки 城市座落在河岸上

(2) город (родился) был заложен (когда) 城市始建于……

(3) город уже живёт (существует) (сколько лет) 城市已有……年的历史了

(4) хотеть поближе узнать город 想进一步了解城市

(5) увидеть собственными глазами 亲眼看看

(6) Дворец Гугун стóит посмотреть в первую очередь. 应该先参观故宫。

(7) прежде всего надо совершить прогулку по (городу) 首先应该游览一下(城市)

(8) побывать (на площади) 去(广场)看看

(9) посетить музей 参观博物馆

(10) съездить в парк 去一趟公园

(11) Оттуда перед вами откроется вид на весь город. 从那里全城景色都会展现在您面前。

(12) успеть посмотреть много мест 来得及看许多地方

(13) доставить огромное удовольствие 带来极大的愉悦

(14) Пекин — город древней культуры 北京是一座文化古城

(15) начинать осматривать город с его центра 从市中心开始参观城市

(16) Центр Пекина — это, конечно, площадь Тяньаньмынь. 北京的中心当然是天安门广场。

(17) На площади высится памятник героям. 广场上耸立着英雄纪念碑。

(18) Здесь вас ждёт встреча с прекрасным. 这里您会见到美好的事物。

(19) Здесь каждый день бывают сотни людей. 这里每天都有成百上千的来访者。

(20) привлекать к себе туристов 吸引着旅游者

(21) больше всего нравится(-вятся)…… 最喜欢……

(22) никогда не видеть города, который был бы похож на наш город 从来没有看到过与我们的城市相似的城市

(23) история города тесно связана с развитием культуры страны 城市的历史与国家文化发展紧密相关

(24) славиться своими историческими достопримечательностями 以其名胜古迹而驰名

(25) город известен памятными историческими местами 城市以其古代遗址而闻名

(26) помогать развитию народного хозяйства 有助于国民经济的发展

(27) Город сильно изменился. 城市发生了巨变。

(28) люди со всех концов страны 来自全国各地的人们

(29) фотокарточки с видами Пекина 带北京风景的照片

(30) занимать второе место по населению и значению 按人口数量和作用排第二位

(31) Когда мы говорим о "Шанхае", то представляем себе набережную реки Хуанпу, башню с часами, высокие здания 当我们提到上海时,就会想到黄埔江的沿江大街、钟楼和高大的建筑

(32) Сюда идёт непрерывный поток посетителей. 来这里的参观者络绎不绝。

(33) продукция широко известна своим качеством 产品以其质量闻名遐尔

(34) строить суда и станки 制造船舶和机床

(35) производить автомобили и телевизоры, одежду и ткани 生产汽车和电视、服装和布匹

(36) вести торговлю со многими странами мира 与世界上许多国家进行贸易

(37) много нового появляется в последние годы в нашем городе 近些年我市涌现出许多新事物

(38) Наш город развивается, изменяется, как и вся наша страна. 我市同全国一样在发展和变化。

(39) здания, построенные в стиле типичной китайской архитектуры 按典型的中

国建筑风格建造的房屋

(40) являться символом нового Китая 是新中国的象征

(41) Эти места пользуются всё большей популярностью у туристов и зарубежных гостей из разных уголков земного шара. 这些景点在来自世界各地的旅游者和外国客人中知名度越来越高。

(42) Город превратился в важный индустриальный центр. 这个城市发展成为重要的工业中心。

(43) Это живописное место возникло более шестисот лет тому назад. 这个如画的景点出现在六百多年以前。

(44) Теперь в этом городе с населением 5,2 миллиона человек работает 3600 промышленных предприятий. 目前在这个五百二十万人口的城市中有三千六百个工业企业。

(45) гости могут остановиться в гостиницах 客人们可以住到旅馆里

(46) установить связь со 102 странами и регионами мира 与世界上102个国家和地区建立联系

(47) приобретать заслуженную популярность 获得应有的知名度

(48) устроить большое народное гулянье 举办大型的群众游园会

(49) способствовать расширению и укреплению торговых и экономических связей 有助于扩大和巩固经贸联系

(50) наш город всё время растёт и меняется 我市在不断地发展和变化着

(51) Сегодня Харбин не тот, что вчера, завтра будет не тот, что сегодня. 今天的哈尔滨不是昨天的样子，明天也将不是今天的样子。

(52) Наш город молодеет и хорошеет с каждым днём. 我们城市一天天地变得年轻和美丽。

(53) гордиться своим городом 为自己的城市感到骄傲

Наша семья

Наша семья — дружная семья.

Раньше наша семья жила в деревне, где у нас был участок земли. А сейчас наша семья переехала в уезд. Наш дом небольшой, но уютный. В нём живут папа, мама, сестра и я. Родители мои — крестьяне, но они не работают в поле. Папа открыл магазин, мама занимается домашним хозяйством, иногда она ходит в магазин помогать.

Моя сестра учится в Научно-техническом институте, а я учусь в Коммерческом училище. В каникулы я и сестра готовим обед, стираем бельё, чистим пол и моем посуду. Вернувшись в училище, я очень скучаю по дому.

Я думаю, что наша семья — самое дорогое место для меня.

Наша семья

Мы живём на западном берегу реки Хулань. У нас в семье 4 человека: папа, мама, старший брат и я.

Папа и мама работали на одном заводе, папа был инженером, целый день он был очень занят своим делом. Мама была ткачиха. Сейчас они уже не работают, они на пенсии. Раньше мама ухаживала за мной и братом. Мы жили вместе весело и дружно. Мой брат старше меня на три года. В позапрошлом году он окончил университет и начал работать на том же заводе, где работали папа и мама. После того, как брат женился, он живёт отдельно от родителей. Я учусь в институте, живу в общежитии. Я часто пишу письма домой и рассказываю моим домашним о своей учёбе и жизни.

Хотя мы живём в разных местах, но, как прежде, любим друг друга, заботимся друг о друге, помогаем друг другу.

Наша семья

Наша семья небольшая: бабушка, папа, мама и я. Расскажу сначала о моих родителях. Папа — врач. Он работает в городской больнице. Он весь день занят. Каждый раз, когда я возвращаюсь домой, его или нет дома, или застаю его работающим в кабинете. С возрастом я постепенно его понимаю. Понял, что любовь к своей работе заставляет человека не считаться со здоровьем, с деньгами.

Мама — медсестра. Наверное, они познакомились на работе. Хотя мне никогда не рассказывали о них, я могу многое видеть из повседневных подробностей их жизни. В работе они поддерживают друг друга, в жизни они заботятся друг о друге. Меня любят, только мало времени проводят вместе со мной, поэтому бабушка для меня — самый близкий человек. Хотя ей уже за 60 лет, она хорошо видит и слышит. Она часто мне говорит, что взаимопонимание очень важно для членов каждой семьи. Всё идёт по порядку лишь благодаря тому, что люди понимают друг друга. Жизнь показывает, она права.

Я люблю нашу семью, люблю родителей, несмотря на то, что выходных дней, когда мы вместе, для меня слишком мало.

СЛОВА И ВЫРАЖЕНИЯ

(1) Наша семья живёт в Харбине, который находится на берегу Сунгари. 我们家在松花江畔的哈尔滨。

(2) Наша семья живёт в красивой деревне, где я провёл весёлое детство, юность. 我们家在美丽的乡村,在那儿我度过了愉快的童年、少年。

(3) Моя семья — в микрорайоне, где прекрасно зеленеют. 我家在小区,那儿绿化很好。

(4) Моя семья — в пригороде, там воздух чистый, транспорт нешумный, и я могу свободно жить и работать. Ведь приятное положение полезно для творчества. 我家在郊区,那儿空气清新,没有喧闹的交通,所以我能放松地生活和工作。因为良好的环境对创作有益。

(5) У нас в семье всего четыре человека: папа, мама, сестра и я. 我们家总共是四个人:爸爸、妈妈、姐姐和我。

(6) Наша семья большая. Мои домашние: дедушка, бабушка, родители, брат и я. 我们家人口很多。我的家人有:爷爷、奶奶、父母、哥哥和我。

(7) Моя семья небольшая: жена и я. 我家人口不多:妻子和我。

(8) Моя семья состоит из трёх человек: муж, сын и я. 我家三口人:丈夫、儿子和我。

(9) Мой папа рабочий, он относится к своей работе серьёзно. 我爸爸是工人,他对待自己的工作很认真。

(10) Отцу уже пятьдесят лет, но он выглядит моложе своих лет. 父亲已经50岁了,但他看起来比实际年龄年轻。

(11) Отец не работает, он на пенсии. 父亲不上班了,他退休了。

(12) Раньше папа часто ездил или летал в командировку, и мы редко виделись. 过去爸爸经常出差,所以我们见面很少。

(13) Отец — мой первый учитель, он научил меня играть в бадминтон. 父亲是我的第一位老师,他教会了我打羽毛球。

(14) Мой папа — голова семьи, вся семья легла на его плечи. 我爸爸是家里的"头",全家都靠他养活。

(15) Отец — энергичный человек, он даёт мне хороший пример. 父亲是个精力充沛的人,他给我树立了一个好榜样。

(16) Отец невысокого роста, он широкоплечий, и выглядит сильным. 父亲个子不高,宽肩膀,看起来非常健壮。

(17) Моя мама домашняя женщина, потому что она училась всего несколько лет и бросила учёбу, чтобы ухаживать за своими маленькими братьями и сёстрами. 我妈妈是个家庭妇女,因为她只上了几年学,为了照顾年幼的弟弟妹妹自己就辍学了。

(18) Моя мама врач, она очень внимательна к своим больным. 我妈妈是医生,她对自己的病人很细心。

(19) Мама моя — певица, её песни пользуются большой популярностью. 我妈妈是歌唱演员,她唱的歌很受欢迎。

(20) По характеру моя мама спокойная, она любит слушать лёгкую музыку. 我妈妈性格文静,喜欢听轻音乐。

(21) Мама не только заботится о нашем здоровье, но и о нашей учёбе, своими поступками воздействует на нас хорошее влияние. 妈妈不仅关心我们的身体健康,还关心我们的学习,以身作则,给我们好的影响。

(22) Моя любимая мама уже не молодая, годы постепенно отняли её красивое лицо, но она, как прежде, добрая и нежная. Когда она улыбается, морщины тоже смеятся. 我亲爱的妈妈已不年轻,岁月渐渐夺去了她美丽的容颜,但她一如从前,善良而温柔。她笑的时候,皱纹也在笑。

(23) По внешности мы с сестрой похожи друг на друга, а по характеру — совсем разные. 外貌上我和妹妹长得很相像,性格却完全不同。

(24) У меня старший брат и младшая сестра. Брат старше меня на два года, выше меня на целую голову. Сестра симпатичная, всегда меня слушается. 我有一个哥哥和一个妹妹。哥哥比我大两岁,个子比我高出整整一头。妹妹很可爱,总听我的话。

(25) Сестра учится в консерватории на втором курсе, она мечтает стать музыкантом. 姐姐在音乐学院上学,是二年级学生,她梦想成为音乐家。

(26) Хотя брат ещё учится в школе, но он уже принял твёрдое решение: быть врачом, спасти больных и вернуть им здоровье. 弟弟虽然还在上中学,可他已坚定地作出了决定:要当一名医生,治病救人。

(27) После института сестра поступила на работу, и скоро вышла за муж. С тех

пор они с мужем переехали в другой город, мы начали переписываться, часто говорим по телефону. 大学毕业后姐姐工作了,并很快出嫁。自从她和丈夫一起搬到另一个城市以后,我们就开始通信,经常打电话。

(28) В прошлом году брат поженился. Он со своей женой живёт отдельно от нас. 去年哥哥结婚了。他和妻子与我们分开住了。

(29) У моей сестры сын, ему семь лет. В этом году он пошёл в школу. 我姐姐有个儿子,七岁。今年他上小学了。

(30) В прошлом году в семье брата большая радость: дочка родилась. 去年哥哥家有一件大喜事:女儿出世了。

(31) Наша семья простая, но счастливая. Мы вместе живём дружно и весело. 我们家很普通,但很幸福。我们在一起生活,友爱和睦。

(32) Я живу в общежитии, часто скучаю по дому. 我住在宿舍,常常想家。

(33) В письме брат рассказывает нам, что он живёт хорошо, общаться с новыми товарищами ему приятно и весело. 在信中哥哥告诉我们,他过得很好,与新同学的交往很和谐、很愉快。

(34) Он говорил, чтобы о нём не беспокоились. 他说不必替他担心。

(35) Каждые каникулы мы ездим домой. Когда вместе собираемся у родителей, радостно и им, и нам. 每个假期我们都回家。当我们一起聚在父母身边时,他们高兴,我们也高兴。

(36) Я очень занят своей работой, но часто звоню бабушке, спрашиваю её здоровье. 我工作很忙,但仍常常给祖母打电话,询问她的身体情况。

(37) Иногда мы ссорились, но потом жалели, и скоро помирились. 有时我们也吵架,不过马上就后悔,所以很快就和好了。

(38) Я люблю нашу семью, люблю каждого из них. 我爱我们家,爱家中的每一个人。

(39) Наша семья — моя вечная безопасная гавань, в которой свободно отдыхаю, испытываю искреннее чувство от домашних. 我们家是我永远安全的港湾,在这里我可以自由地休息,感受家人的真情。

(40) Семья всегда является моим самым близким местом. Куда я ни езжу, никогда и нигде не забуду этот тёплый дом. 家永远是我最亲切的地方。无论我走到哪儿,任何时候、任何地方都不会忘记这个温暖的家。

(41) Мой дядя — открытый человек. С ним легко общаться, он всегда производит на вас жизнерадостное впечатление. 我叔叔是个开朗的人。和他交往

很容易,他总能给你们留下乐观向上的印象。

(42) Для меня самый важный человек — мой дедушка. Он приучил меня к творческой работе. 对我来说,最重要的人是我爷爷。他培养了我创造性的工作能力。

(43) Я его уважаю и люблю потому, что он парень с характером, влюблён в свою работу, у него ещё широкий круг интересов. 我尊敬他,喜欢他,因为他是个有个性的小伙子,热爱自己的工作,兴趣广泛。

(44) Тётя моя аккуратный человек, она любит порядок, о ней в двух словах не расскажешь. 我姑姑是个喜欢整洁的人,喜欢井井有条,有关她的事几句话是说不完的。

(45) У него прямой характер, всегда говорит всё прямо в глаза. В работе он был страстным и ответственным за своё берущее на себя дело. 他性格直爽,凡事都直截了当地说。他工作热心,对自己承担的事情负责。

论 说 文

一、国情类

1. 中国的现代化(Модернизация в Китае)

Модернизация в Китае

※[写作要点](1)点明现代化的含义;(2)指出实现现代化的伟大意义;
(3)如何在中国实现现代化;(4)青年人现在该怎么办。

Все знают, что теперь наш китайский народ старается осуществить социалистическую модернизацию. Что значит социалистическая модернизация нашей страны? Это модернизация в четырех областях: промышленности, сельском хозяйстве, науке и технике, обороне.

Требование осуществить социалистическую модернизацию в нашей стране выдвинуто товарищами Мао Цзэдуном и Чжоу Эньлаем. До сих пор осуществление социалистической модернизации остаётся основой всестороннего строительства социализма в нашей стране.

Как надо осуществить социалистическую модернизацию в нашей стране?

а) Центральная задача в работе партии и государства в дальнейшем — вести экономическое строительство, всемерно развивать производительные силы, постепенно улучшать материальную и культурную жизнь народа.

б) Необходимо работать по объективному экономическому закону. Необходимо исходить из обстановки в нашей стране, проводить методично социалистическое экономическое строительство.

В 80-е годы партией был взят курс на введение элементов рыночной экономики. Государственные предприятия переводились на хозрасчёт, поощрялось развитие мелкого и среднего бизнеса. От критики "империализма" перешли к стимулированию иностранных капиталовложений. Стали создавать специальные экономические зоны "с льготными (优惠的) условиями" иностранным предпринимателям. В сельском хозяйстве, где занята большая часть трудоспособного населения, была введена система "семейного подряда". Всё это способствовало ускорению темпов развития страны. В конце 80-х годов Китай вышел на первое место в мире по добыче угля, производству телевизоров, хлопчатобумажных(棉花加工的) тканей, цемента, смог добиться рекордных урожаев.

Если мы так будем продолжать, то в начале текущего века мы сможем достигнуть безбедного уровня народной жизни, а в пятидесятые годы этого века мы сможем догнать и перегнать самые экономически развитые страны мира.

Китай вступает в новую эпоху

❋[写作要点](1)近20年来中国经济所取得的成就和各方面的变化;(2)21世纪展望。

За последние 20 лет, благодаря политике "реформ и открытости" облик Китая сильно изменился, что поразило весь мир.

Последние 20 лет экономика постоянно находится на подъёме, внешняя торговля расширяется, обмен и сотрудничество с другими странами в разных областях развиваются быстрыми темпами. Данные показывают, что валовой национальный продукт нашей страны занимает седьмое место в мире. Основные материальные потребности нашего народа уже удовлетворены, в некоторых районах уже достигли безбедного уровня. Люди стремятся к образованной, культурной и здоровой жизни. Ритм жизни ускоряется. Знания для человека становятся всё важнее и важнее. Наступает эра знаний.

Китай уже успешно вступил во Всемирную торговую организацию, что не только положило начало новому этапу развития нашей страны, но и будет способствовать развитию и расцвету всего мира. Китайская экономика скоро вступит в новую эпоху.

Значение развития экономики в нашей стране

❋[写作要点](1)经济发展对一个国家的重要性;(2)经济落后必然遭受耻辱的历史教训;(3)经济发展是整个社会发展的基础。

Экономика играла, играет и будет играть важную роль в жизни нашей страны. Процветание и стабильность общества предполагают развитую экономику, а экономическая отсталость неизбежно приведет к неблагополучию во всех областях общественной жизни.

Подведя итоги исторического развития Китая, великий конструктор реформы и открытости Дэн Сяопин отметил, что развитие экономики — это бесспорная истина. Какая бы ни была нация, не развивая своё народное хозяйство, она не избежит опасности подвергаться оскорблениям.

В 1999 г. НАТО(北约) совершило тайный воздушный налёт на посольство нашей страны в Югославии. Были убиты 3 китайских корреспондента. В стране и за границей сразу же поднялось антиамериканское движение против их злодейств. Кровавый урок дал нам осознать, что надо как можно быстрее развивать экономику страны, повышать экономический потенциал государства. Именно мощный экономический потенциал сделает нашу страну сильной державой, которой никто не рискнет бросить вызов.

Экономика — основа всего общества. Без развитой экономики не может быть и речи об улучшении жизни народа, о государственном достоинстве, о национальном возрождении. Она царит над всеми областями человеческой деятельности.

Китай на мировой арене

※[写作要点](1)中国在世界上的地位在提高;(2)中国与世界先进国家的差距;(3)我们青年人应该怎么办。

В последние годы, особенно после начала проведения политики реформ и открытости, Китай добился огромных успехов в социальной, экономической, научной, технической и культурной сферах. Значительно улучшается жизненный уровень населения, и непрерывно повышается авторитет Китая в международном сообществе(共同体).

Но нельзя не признать, что наша страна во многих областях, особенно в научно-технической области, ещё далеко отстаёт от некоторых развитых стран. По уровню образования Китай ещё остаётся позади европейских стран. С развитием экономики всё острее ощущается недостаток квалифицированных специалистов с высшим и средним техническим образованием.

Китай — новая социальная, политическая и экономическая сила в мире.

Китайский народ самый трудолюбивый. Под правильным руководством компартии Китая наш народ догонит и перегонит передовые страны мира. Наука и образование обогащают страну, поэтому развитие науки и образования — дело неотложное.

Мы, молодёжь 21 века, обазаны взять на себя ответственность развивать Китай, чтобы наша страна была на высоком мировом уровне. Для этого мы должны старательно учиться, овладевать современной наукой и техникой, чтобы отдавать все свои силы и знания делу развития страны.

Китай не может развиваться в отрыве от мира, а мир не может процветать в отрыве от Китая.

Наука и прогресс общества

※[**写作要点**](1)没有科学社会便不能进步;(2)21世纪科学将仍是社会进步的主导力量。

Без науки нечего и говорить о прогрессе общества. Думаю, что на это никто возражать не будет. Почему мы так говорим? Если оглянемся на историю человечества, то всё будет понятно.

Каждый период прогресса нашего общества был тесно связан с развитием науки. Научно-технические революции приносили и приносят человеку всё больше и больше пользы. Используя результаты научных исследований, человек сделал свою жизнь более лёгкой, удобной, счастливой и эффективной. В наш век наука и техника развиваются стремительно, как никогда раньше в истории человечества. Бурное развитие науки и использование её достижений в производстве и бытовой жизни всё сильнее и быстрее продвигает общество вперёд. Несомненно, в XXI веке наука останется незаменимой движущей силой прогресса общества. Она принесёт нам новое, о чём раньше никто даже и подумать не мог, и наше общество и дальше будет развиваться.

СЛОВА И ВЫРАЖЕНИЯ

(1) осуществить модернизацию 实现现代化
(2) повышать производительность труда 提高劳动生产率
(3) улучшать материальную и культурную жизнь 改善物质和文化生活
(4) соответствовать экономическому закону 符合经济规律

（5）проводить социалистическое строительство 进行社会主义建设

（6）двинуть дело вперед 推动事业前进

（7）перед нами стоит важная задача 我们面前摆着重要的任务

（8）удовлетворить спрос потребителей 满足消费者的需求

（9）увеличивать скорость 加快速度

（10）утвердить проект перестройки 批准改革方案

（11）взять крепость науки 攻下科学保垒

（12）Страна остается экономически бедной и отсталой. 国家经济上仍然贫穷落后。

（13）поставить науку и технику в основу развития общества 把科学技术作为社会发展的基础

（14）догнать и перегнать передовые развитые страны 赶上和超过先进发达的国家

（15）достигнуть нашей цели 达到我们的目的

（16）изменять облик Китая 改变中国的面貌

（17）направить усилия на повышение квалификации 努力提高专业技能

（18）осуществить научно-техническую революцию 实现科学技术革命

（19）повысить урожайность культурных растений 提高农作物产量

（20）покончить с бедностью и отсталостью 消灭贫困和落后

（21）проводить политику реформы и открытости 实行改革开放政策

（22）соответствовать духу нашего времени 符合我们时代的精神

（23）способствовать повышению производительности труда 促进生产力的提高

（24）стать товаром мирового потребления 成为全球需求的物品

（25）укрепить мир во всем мире 巩固世界和平

（26）разрушить препятствие на пути вперед 摧毁前进道路上的障碍

（27）достигнуть безбедного уровня жизни 达到小康生活水平

（28）заставить нашу страну стать одной из развитых стран мира 使我们国家成为世界发达国家之一

（29）взять курс на... 采取……的方针

（30）ввести элементы рыночной экономики 引入市场经济

（31）перевести（переводиться）на хозрасчёт 转为（改为）经济核算

（32）стимулирование иностранных капиталовложений 鼓励外国投资

（33）создавать "специальные экономические зоны" 建立"经济特区"

(34) льготные условия для иностранных предпринимателей 给外国企业家的优惠条件

(35) ввести систему "семейного подряда" 实行"家庭承包制"

(36) добиться рекордных урожаев 取得更大的成就

2. 拓宽知识面(Расширять знаний)

Мы должны расширять свои знания

✻[写作要点](1)阐明作为未来的专家拓宽知识的重要性和必要性,说明这是科学技术社会发展所不可缺少的。(2)说明如何适应当前形势,加强对知识的渴求。(3)作为大学生应如何实现这一目标。

Мы специалисты 21-ого века и надежда Родины. Мы должны расширять свои знания и своим трудом строить страну, чтобы наша великая Родина бурно расцветала и неуклонно шла на подъём.

Наука и техника — первая производительная сила. История человечества свидетельствует, что научно-технический прогресс двигает развитие общества.

Стротельство требует много специалистов разных специальностей. В настоящее время значительное развитие получают производительные силы общества, существенно продвигается вперед автоматизация и компьютеризация ряда производственных процессов. 20 век характеризовался внедрением микроэлектроники и новых технологий. Применение микроэлектроники стало универсальным. Создание на её основе микропроцессоров позволяет резко повысить производительность труда. Одновременно обеспечивается экономия капиталов, ресурсов, энергии и т. д. Сочетание микроэлектроники и новых видов связи резко меняет труд людей многих профессий. Это требует того, чтобы мы имели широкий профиль знаний и были людьми высокой общей культуры.

Расширение знаний — это стремление учиться сегодня и работать на благо Родины завтра.

Знание — это сила

✻[写作要点](1)为了不落后于时代,必须掌握知识;(2)掌握知识是我们今后面临的主要任务。

Наше общество непрерывно продвигается вперёд, и вместе с тем объём знаний быстрыми темпами увеличивается. Известно, кто не хочет отставать от века, тому обладать знаниями необходимо. В настоящее время роль знаний в человеческой жизни всё выше возрастает, и вряд ли найдёшь такую область деядельности, в которой обошлось бы без знаний. Знание — это сила, которая помогает человеку глубже узнать себя, улучшить свою жизнь, исследовать природу и использовать её себе на пользу, проникнуть даже в далёкий космос и заселить другие планеты. В основе разных научно-технических изобретений, способствующих прогрессу общества, лежат знания, самые обширные, самые разнообразные. И всё в будущем — какая будет продолжительность человеческой жизни, какие новые виды энергии, кроме атомной и термоядерной, будут найдены человеком, до какой степени усовершенствуется компьютер и т. д. — всё это зависит от знаний. Пополнять свои знания, управлять этими силами, быть полноценными членами общества — такова задача, стоящая перед всеми нами.

СЛОВА И ВЫРАЖЕНИЯ

(1) расширять знания 拓宽知识

(2) укрепить знания 巩固知识

(3) иметь широкий профиль знаний 具有广博的知识面

(4) вооружать себя знаниями 用知识武装自己

(5) дать студентам знания 向学生传授知识

(6) зажечь в человеке жажду знаний 燃起人们对知识的渴望

(7) накопить знания 积累知识

(8) заслужить доверие (народа) 理应得到(人们)信任

(9) без знаний не может быть и речи о здоровье и культурной жизни 没有知识就谈不上健康和文化生活

(10) нет силы более могучей, чем знания 没有比知识更强大的力量

(11) разбираться в науке 弄懂科学

(12) нуждаться в знаниях 需要知识

(13) теория тесно связана с практикой 理论与实践紧密结合

(14) усвоить математические знания совершенно необходимо 掌握数学知识是完全必要的

(15) Знания — сила. 知识就是力量。

(16) Дело науки — служить людям. 科学的事业就是为人民服务。

(17) Наука даёт крылья уму. 科学给智慧增添翅膀。

(18) Наукой свет стоит, ученьем люди живут. 世界靠科学发展,人类靠学识生存。

(19) Книга — лучший друг человека. Любите книгу — источник знаний. 书是人类的最好朋友。爱书吧,它是知识的源泉。

(20) То, что мы знаем, — ограниченно, а то, чего мы не знаем, — бесконечно. 我们懂的东西是有限的,而我们不懂的东西是无限的。

(21) Не будешь учиться смолоду, пожалеешь в старости. 少壮不努力,老大徒伤悲。

(22) не отрываясь читать книги 爱不释手地读书

(23) перечитывать много раз и всегда с большим интересом 百读不厌

(24) Навыки порождают мастерство. 熟能生巧。

(25) с жадностью овладеть знаниями 如饥似渴地掌握知识

(26) внедрение микроэлектроники и новых технологий 运用微电子学和新工艺

(27) создание микропроцессоров 建立微型信息处理器

3. 城市问题(Проблемы города)

Транспорт в городе

※ [写作要点] 当前,随着社会的进步,工农业生产的发展,城市交通问题成为人们所关心的焦点,由于人口和车辆的增加,道路堵塞和空气污染等现象日益严重,这些问题的解决办法为:(1)建立地下交通;(2)把城市迁往农村;(3)加强水陆交通;(4)多造电气列车等等。

В настоящее время всё больше внимания обращается на транспорт в крупных городах. Градостроителей беспокоит проблема загрязнения воздуха. Города растут, количество машин увеличивается. Воздух становится более грязным, проспекты и площади сплошь забиты автобусами, троллейбусами и машинами. Число машин увеличивается быстрее, чем население Земли, и уже через 20 лет может удвоиться. Увеличивается шум от движения машин. Это мешает людям работать и отдыхать. Такое положение в городах заставляет серьёзно задуматься учёных и инженеров.

Некоторые из них предлагают планировать развитие транспорта в городе. Другие предлагают другое — разгрузить городской транспорт, переселив многих горожан в деревни. Советуют построить города - спутники.

Есть учёные, которые предлагают поменять машины на бензине на электрические, которые не загрязняют окружающий воздух. Технология разработки "зелёных" автомашин уже существует, например, у фирмы "Дженерал Моторс", которая разработала опытные образцы таких перспективных двигателей.

Надеемся, что будущее решит эту проблему.

Проблема городского транспорта

В современных больших городах стоит проблема транспорта. Такую проблему выдвигает прежде всего непрерывное увеличение количества машин, автобусов, троллейбусов. Это очень затрудняет движение транспорта.

В результате быстрого роста числа автомобилей воздух в городе становится всё грязнее. Теперь многие учёные и инженеры занимаются проблемой борьбы с загрязненностью воздуха.

Кроме того, шум от движения транспорта становится всё более сильным. Такой транспортный шум мешает работе, отдыху, сну городских жителей.

Чтобы решать серьёзную проблему городского транспорта, нужно заранее планировать его развитие, определять количество автобусов, троллейбусов, которое необходимо городу.

Теперь в нашей стране уделяется большое внимание развитию городского транспорта. В столице Пекине уже работает метро. Ведь это самый быстрый и удобный вид транспорта. Строительство метро помогает решить многие сложные транспортные проблемы в городе.

Каким должен быть город?

※ [**写作要点**] (1) 城市在现代人的生活中起着重要的作用；(2) 不同职业的人们可能对同一个问题感兴趣；(3) 关于"现代城市应该是什么样的"这个问题存在着不同看法。

В жизни современного человека город играет большую роль, поэтому люди разных профессий — архитекторы, экономисты, географы, социологи, медики — много думает над тем, каким должен быть современный город, чтобы человеку было в нём удобно, хорошо, интересно и радостно жить.

Одни утверждают, что чем крупнее город, тем он выгоднее экономически, а известные недостатки большого города, такие, как например, удалённость (远距

离) от леса, от реки, потери времени на поездки и другие, связаны не с величиной города, а с недостатками в планировании и строительстве, которые можно устранить. Можно, например, жилые кварталы, медицинские учреждения, учебные заведения, парки, где люди могут отдыхать, рассредоточить(分散) по всему городу — от центра к периферии(边远地区). Это будет очень удобно.

Другие говорят, что рост городов необходимо ограничивать, увеличивать должны прежде всего "средние" города, перспективно также создание совсем новых промышленных центров, рядом с которыми вырастают и совсем новые города. Именно в небольшом и уютном городе человек может почувствовать очарование(魅力) городской жизни. В больших городах производство действительно может быть выгоднее, но решить жилищную и транспортную проблему в большом городе очень трудно.

А каково ваше мнение об этом?

Город будущего

※[写作要点](1)城市应如何规划;(2)应注意道路与交通问题;(3)绿地的重要意义。

Современные проблемы огромного города волнуют не только ученых, архитекторов и строителей, но и простых людей, жителей таких городов. По-моему, в будущем городское планирование должно будет учитывать интересы горожан в первую очередь. Планировка города должна быть подчинена удобству всех его жителей: как взрослых, так и детей. Комплексное планирование позволит отделить районы административных и промышленных застроек от торговых, культурно-оздоровительных(文明健康的) зон и жилых массивов. Главное внимание, вероятно, будет уделено экологическим задачам, так как без их решения невозможно обеспечить здоровое общество.

Особую роль будет играть дорожное строительство, планирование транспортных артерий(干线) с целью обеспечения максимально щадящих условий жизни и деятельности горожан. Станет больше экранов(屏蔽) для защиты от шума городских магистралей, получит свое развитие городской воздушный и водный транспорт. Будет использоваться экологически чистое топливо.

И наконец, наряду с фронтальным(全面的) озеленением городских улиц и площадей, город будут окружать лесопарковые и дачные кварталы, без которых немыслимо воспитание гармонично развитого поколения нового тысячелетия. Город будущего должен служить людям будущего.

СЛОВА И ВЫРАЖЕНИЯ

（1）обращать большое внимание на проблему транспорта 重视交通问题

（2）беспокоит людей проблема загрязнения воздуха 空气污染的问题使人们担忧

（3）планировать развитие транспорта в городе 规划城市交通的发展

（4）построить метро 建筑地铁

（5）переселить людей в деревни 把人们迁往农村

（6）менять машины на бензине на электрические 用电气车代替汽油汽车

（7）возрастает скорость определенных видов транспорта 某些交通工具的速度在增加

（8）получить большое развитие 得到很大发展

（9）пользоваться судном на воздушной подушке 利用气垫船

（10）принести большую пользу 带来很大好处

（11）принять решительные меры 采取果断措施

（12）совершенствовать конструкции 完善结构设计

（13）проводить много времени в автобусе 在车上花很多时间

（14）сократить время, затрачиваемое на дорогу 缩短花在路上的时间

（15）растут города 城市在增长

（16）территории городов расширяются 城市的占地面积在扩大

（17）сделать дорогу как можно более удобной, комфортабельной 让道路(对人们)尽可能方便舒适

（18）пользоваться общественным транспортом 利用公共交通

（19）предпочитать ходить пешком 宁愿走路

（20）установить скоростные маршруты 建快车路线

（21）экономить время 节省时间

（22）расширять улицы 拓宽街道

（23）выделить для скоростного транспорта специальные полосы 分出快车专用线

（24）строить пешеходные переходы 设立人行横道线

（25）лучше регулировать уличное движение 更好地调整城市交通

（26）Человек стремится найти наилучший вариант приложения своих сил. 人在

努力寻找发挥自己力量的最佳方案。

(27) Одной из проблем транспорта во всех крупных городах мира еще остаются "часы пик". 高峰期仍然是大城市交通问题之一。

(28) надо лучше решить проблему "часы пик" 应当更好地解决高峰期问题

(29) Скоростные автобусные маршруты играют большую роль в городах. 快车线在城市中起很大作用。

(30) Будущий город уйдёт под землю. 未来的城市将要建在地下。

(31) разработать опытные образцы перспективных двигателей 研制有使用前途的试验用发动机样机

(32) люди разных профессий 不同职业的人们

(33) думать над вопросами 思考问题

(34) вызывать горячий спор о (чём) 关于……引起热烈的争论

(35) создать ряд трудностей 造成一系列困难

(36) ограничивать рост больших городов 限制大城市的发展

(37) большим городам принадлежит будущее 未来是属于大城市的

(38) благоустроенный город 公共设施完备的城市

(39) устранить недостатки 消除不足

(40) стремиться жить в большом городе 渴望居住在大城市里

(41) увеличивать расходы на транспорт 增加交通费用

(42) обеспечить людям оптимальные условия труда и быта 为人们提供最适宜的工作及生活条件

(43) рационально организовать работу транспорта 合理组织(安排)交通工作

(44) уделять большое внимание (чему) 重视……

(45) охрана окружающей среды 保护周围的环境(环保)

(46) вести большие посадки 大面积植树

(47) создать пригородные зелёные зоны 建造市郊绿色林带

(48) озеленить город 绿化城市

(49) гармонично сочетать интересы жителей и страны в целом 把居民们的利益和整个国家的利益协调地结合起来

(50) решать в комплексе по единому перспективному плану 按统一的前景规划总体解决

(51) подойти к вопросу с точки зрения... 从……观点谈论问题

(52) экономический аспект тесно переплетается с социальным 经济方面的问题

与社会问题紧密地交织在一起

(53) почувствовать очарование жизни 感受到生活的魅力

(54) (что) рассредоточить по всему городу 使……分部于全城各处

(55) от центра к периферни 从中心到周边

4. 我们生活的前景（Перспективы нашей жизни）

❋[**写作要点**] 开头设想我们未来生活的前景,然后指出在科学技术、人民生活水平发达的未来世界里,人们将去月球旅行,使用电视电话、计算机和机器人来为人们服务,科学家们还将发明更好的装置,使未来的人类生活变得更美好。

Перспективы нашей жизни

Хотите представить себе перспективы нашей жизни? Наверное, наука и техника достигнут высокой степени развития, жизнь во всём мире будет на высоком уровне. Наступит время больших возможностей. Технический прогресс, возможно, позволит людям осваивать иные миры. Космические корабли будут занимать просторы космоса. Это будет новая эра в истории человечества.

По праздникам и выходным дням мы сможем путешествовать в космосе, гулять по Луне и сажать овощи и цветы на дне моря. Мы также будем говорить по видеотелефону дома. Всё это принесет нам большую радость. Высокий уровень технологий позволит людям сократить физический труд, больше времени отдавать умственному труду и самоусовершенствованию.

Компьютеры и роботы будут делать всё вместо человека. ЭВМ будут управлять заводами и фабриками, где раньше люди выполняли тяжёлую работу своими руками. Робот будет помогать хозяевам дома по хозяйству. Люди будут иметь возможность делать всё, что они хотят. С лица Земли исчезнут голод и болезни, бедность и отсталость. Люди забудут о войнах и разрушениях. Все эти заветные мечты человечества, возможно, осуществятся в будущем. А чтобы превратить их в реальность, нужны большие совместные усилия в общепланетарном масштабе.

Но что будут делать люди тогда? Я думаю, что люди будут тратить время на то, чтобы разрабатывать новые машины для служения обществу.

Я надеюсь, что такое время скоро наступит.

СЛОВА И ВЫРАЖЕНИЯ

（1）представить себе перспективы нашей жизни 想象我们生活的前景

（2）достигнуть высокой степени развития 达到高度发达的水平

（3）жизнь на высоком уровне 高水平的生活

（4）путешествовать в космосе 在宇宙旅行

（5）зародилась мечта жить на Луне 产生了在月球上生活的幻想

（6）принести нам большую радость 给我们带来很大乐趣

（7）автоматическое управление заводами и фабриками 自动控制工厂

（8）внести новые изменения в жизнь человечества 使人类生活起新的变化

（9）ослабить（ослаблять）напряжённую международную обстановку 缓和紧张的国际形势

（10）открыть закон 发现规律

（11）означить новую эру в истории 标志着人类历史的新纪元

（12）зависеть от наших общих усилий 取决于我们共同的努力

（13）предвидеть научные открытия 21 века 预见到21世纪的科学发明

（14）предстоять жить и работать в следующем веке 面临下一个世纪的生活和工作

（15）увеличить зарплату народных масс 增加人民群众的工资

（16）регулировать спрос народа 调节人民的需求

（17）увеличить продолжительность жизни человечества 延长人类的寿命

（18）уверен(-на,-ны) в своих силах 坚信自己的力量

（19）улучшить жизненный уровень народа 改善人民的生活水平

（20）управлять природой 控制大自然

（21）улучшить жилищные условия людей 改善人民的居住条件

（22）прокормить людей всей планеты 养活全球人口

（23）увеличить производство зелёного продовольствия 增加绿色食品的生产

（24）меняются традиционные представления 传统观念在改变着

（25）изменить лицо многих отраслей нашей промышленности 改变我们很多工业领域的面貌

（26）выдвинуть развитие сельского хозяйства 推动农业的发展

（27）иметь достаточно ресурсов энергии 有足够的能源

（28）создать благоприятные жизненные условия при будущем 创造未来舒适的

生活条件

(29) требовать совместных усилий в общепланетарном масштабе 需要全球范围内的共同努力

(30) стремиться осуществить нашу мечту 努力实现我们的愿望

(31) число жителей нашей планеты 全球的人数

(32) задача сотрудничества в области создания новых источников энергии 在创造新能源领域中的合作问题

(33) время больших возможностей 潜力很大的时代

(34) осваивать иные миры 征服其它世界

(35) просторы космоса 宇宙的广阔天地

(36) с лица Земли исчезнут 从地球（表面）上消失

(37) в общепланетарном масштабе 在全球范围内

5. 电子计算机和互联网((ЭВМ и интернет)

ЭВМ и интернет

❈ [写作要点](1)计算机的产生是现代发明的一大进步,(2)计算机发展的历史,(3)计算机在现代科学中的作用,(4)计算机未来的前景。

Возникновение ЭВМ считается величайшим событием, имеющим эпохальное значение в развитии науки и техники. Оно ознаменовало, что человечество вошло в информационное общество.

В целях решения трудностей, принесённых колоссальными научными вычислениями, в 1946 году возникла первая ЭВМ, занимающая место в несколько сотен квадратных метров и расходующая электричество в несколько сот киловатт. Развитие ЭВМ прошло четыре этапа — радиолампы(电子管), транзисторы(晶体管), интегральные схемы(集成电路), ультра-интегральные схемы. И функция ЭВМ с каждым днём увеличивается. В наше время можно сказать, что везде используют ЭВМ, она проникла во все области индустрии, сельского хозяйства. ЭВМ используется также в повседневной жизни человека: для научных вычислений, обработки информации, в управлении, связи, обучении, в любых проектированиях и т. д. Чтобы получить любые сведения, можно воспользоваться услугами Интернета. Нагляднее всего сравнить Интернет с огромной паутиной(蜘蛛网), накинутой на земной шар. Любой владелец компьютера, входящего в сеть, может познакомиться с информацией, хранящейся в памяти любой другой ЭВМ, также имеющей доступ к Интернету.

Чтобы войти в Интернет и начать путешествовать по его бескрайнему миру, владелец компьютера должен запустить специальную программу. После набора определённого ключевого слова на экране появляется список адресов компьютеров, в которых содержится информация на интересующую вас тему. Интернет выдаёт массу информации на любую тему. По сети Интернета можно передавать и получать письма, тексты, картинки, фотографии.

Если серьёзно подумать, то можно сказать, что ЭВМ изменила, изменяет и будет изменять нашу жизнь.

Информация в современной жизни

※ [**写作要点**](1) 现代社会中信息的重要性；(2) 现代社会获得信息的重要手段；(3) 信息在未来社会中的作用。

Всем известно, что наш век называется "веком информации", поскольку в современной жизни информация играет более важную роль, чем когда бы то ни было.

В прошлые времена потребность выразить и передать информацию вызвала к жизни книгопечатание, почтовую связь, телеграф и т. д. Сегодня книга продолжает передавать знания и делать человека духовно богаче, а стремительное развитие современной науки и техники дало возможность мгновенно получать информацию. Самое удобное средство для получения информации — компьютер. Компьютерная сеть (Интернет), которая уже охватывает весь мир, усиливает взаимосвязь между организациями внутри научно-технической, экономической и социальной систем, способствует распространению и применению новых научно-технических достижений. Ведь быстрое получение новой информации — важный шаг к удаче.

Трудно представить себе роль информации в будущем обществе. Мы уверены, что с развитием информатики связь во всём мире будет ещё теснее.

СЛОВА И ВЫРАЖЕНИЯ

(1) математическое обеспечение 软件
(2) войти в информационное общество 进入信息社会

（3）проводить сложное вычисление 进行复杂的计算

（4）брать на себя сложную работу 承担复杂的工作

（5）внести неоценимый вклад в развитие науки 对科学的发展作出不可估量的贡献

（6）выйти из трудного положения 走出困境

（7）выполнять различные операции 完成复杂的操作

（8）выполнять разные работы по разным программам 按照各种程序完成不同的工作

（9）заменить умственным трудом тяжёлый физический труд 用脑力劳动代替繁重的体力劳动

（10）занимать большое место в жизни человека 在人类生活中占重要地位

（11）нет ничего лучше и эффективнее ЭВМ 没有什么比计算机更好更有效

（12）обладать особой памятью 具有特殊的记忆

（13）поражать и увлекать людей 吸引并使人们惊奇

（14）поручить машинам любую мыслительную работу 让机器完成任何一种思维工作

（15）появились так называемые интеллектуальные роботы 出现了所谓的智能机器人

（16）провести наблюдения и эксперимент 进行观察和实验

（17）сокращать время 缩短时间

（18）создать самое прекрасное трудом человечества 用人类的劳动建立最美好的东西

（19）с появлением ЭВМ 随着计算机的出现

（20）справиться со сложнейшей работой 胜任最复杂的工作

（21）Робот трудится точно и прилежно под контролем рабочего. 在工人的操纵下机器人准确地、勤奋地工作着。

（22）заниматься применением ЭВМ в физике 在物理学中应用计算机

（23）браться за использование ЭВМ в экономике 在经济学中使用计算机

（24）дать тысячи арифметических операций в секунду 在一秒中内完成成千上万次数学运算

（25）получить окончательный результат 得到最后的结果

（26）перед математиками открылся новый мир 在数学家的面前开辟了新的世界

（27）способный определить тончайшие свойства веществ при помощи ЭВМ 用

计算机确定物质最细微的特点

(28) облегчить физический труд 减轻体力劳动

(29) освободить человека от тяжёлых арифметических вычислений 使人摆脱繁重的数学计算

(30) воспользоваться услугами Интернета 利用国际互联网的服务

(31) войти в сеть Интернет 入国际互联网

(32) храниться в памятн ЭВМ 保存在计算机的存储量器里

(33) иметь доступ к Интернету 有接通国际互联网的路径

(34) запустить специальную программу 启动专门的程序

(35) набрать ключевое слово 输入开关指令

6. 环境保护(Защита /охрана/ окружающей среды)

Защита окружающей среды

※[写作要点](1)提出目前全球注目的问题是环境保护问题,由于各种原因造成的污染对人类和自然界有很大危害;(2)消除这种污染的措施有:注意生态平衡、绿化城市。这不仅使空气不受污染,而且还可以避免水土流失,从而把我们的城市变成美丽的大花园。

В условиях углубляющейся научно-технической революции и осложнения взаимосвязей общества и природы люди уделяют большое внимание проблемам загрязнения среды и природного равновесия. Сейчас потребление минерального сырья, пресной воды, кислорода, растений и животных с каждым годом увеличивается. Пользуясь природными ресурсами, человек неизбежно изменяет их состояние, а тем самым изменяет и условия своего существования. Чем больше развивается техника, тем сильнее становится её влияние на природу и тем важнее, чтобы это влияние было благоприятным. Ежедневное загрязнение атмосферы вредными газами давало парниковый эффект(温室效应). Вырубка лесов влияет на погоду и превращает поле в пустыню. В результате активной деятельности человека появилась глобальная проблема — сохранить природу. Проблема защиты окружающей среды волнует всех людей, и решать её нужно в плане международного сотрудничества, с учётом интересов всего человечества.

Защита окружающей среды — это защита благополучия людей и жизни нынешнего и будущего поколений.

Предупредительные меры состоят в том, чтобы создать условия для сохранения природного равновесия. Например: сохранение ландшафта (景观), ценных водоёмов, многих видов растений и животных. Ещё активные меры — это целенаправленные действия общества по предупреждению загрязнения атмосферы, воды и земли, по разработке технологий, которые обеспечивают экономное расходование сырья и пресной воды.

Превращение нашего города в зелёный сад

В нашей стране много городов с более чем миллионным населением. Разные проблемы стоят перед городами-гигантами. Например, наш город Харбин расположен на севере Китая. Его климат континентальный. Здесь всегда холодная, морозная зима и жаркое лето. Весной сильные ветры. За последние годы из-за высокого роста населения и быстрого развития промышленности наш город становится всё более загрязнённым.

Самый эффективный метод для улучшения условий города — озеленение. Заводы и автомашины постоянно поглощают кислород и воздух. А растения в процессе фотосинтеза (光合作用) усваивают углекислый газ и обогащают воздух кислородом. Деревья — прекрасные пылеуловители. Они спасают человека от пыли и перегрева в летнее время. Растения снижают температуру воздуха на 10 – 12 градусов. Озеленение не только будет способствовать защите воздушного и водного бассейнов от загрязнения, но и может защитить почву от ветра и воды. Для этого необходимо расширить сеть парков и садов в городе, город окружить лесозащитной полосой, воспитывать в людях любовь к зелёным насаждениям и к окружающей среде.

Я желаю, чтобы Харбин был самым красивым местом в Китае.

Берегите пресную воду

Пресная вода — источник любой жизни. Она необходима людям, животным и растениям, нужна в любом производстве на заводах и фабриках. А уж в сельском хозяйстве без неё тем более не обойтись. Можно сказать, вода — источник человеческой цивилизации и общественного развития.

Как известно, человек без еды может прожить семь дней, а без воды — только три дня. Отсюда видна важность пресной воды.

Но запасы пресной воды на Земле не бесконечны, сейчас её уже не хватает на всей планете. Хотя больше 3/4 поверхности Земли занято водой, но, на самом деле, пресная вода, которую можно использовать, составляет только маленькую часть всей воды на Земле, более того, её количество всё уменьшается. С развитием промышленного и сельскохозяйственного производства человек своей деятельностью так загрязнил реки, озёра и моря, что природа сама же не в состоянии справится с их очисткой.

И так, очистка, охрана и бережный расход пресной воды — являются глобальными задачами, стоящими перед всем человечеством в настоящее время. Для их решения необходимы совместные усилия всех стран во всём мире. Беречь воду, охранять её от загрязнения значит беречь самих себя. И чтобы на Земле в нашем общем Доме всегда было достаточно пресной воды, давайте беречь воду — источник нашей жизни.

СЛОВА И ВЫРАЖЕНИЯ

(1) защищать природу от загрязнения 保护大自然不受污染

(2) загрязнение окружающей среды 污染周围环境

(3) принять меры охраны 采取保护措施

(4) организация по охране окружающей среды 环境保护机构

(5) комплексное использование 综合利用

(6) три вида отходов — вредные газы, сточные воды и отбросы "三废"——废气、废水、废渣

(7) устранение загрязнения 消灭污染

(8) обработка промышленных отходов 工业废物的处理

(9) превратить вредное в полезное 化害为利

(10) очищение 净化

(11) шум 噪音

(12) программа озеленения 绿化规划

(13) загрязняющее вещество 污染物质

(14) контроль над загрязнением 监测污染

(15) экологическое размещение 生态分布

(16) преобразовать природу 改造大自然

(17) победить стихийные бедствия 战胜自然灾害

(18) потеря воды и унос почвы 水土流失

(19) улучшить климатические условия 改善气候条件

(20) защитная лесная полоса 防护林带

(21) предотвращать лесной пожар 森林防火

(22) природа даёт людям одежду, пищу и жилище 大自然给予人们衣、食、住、行

(23) получить от природы новые богатства 从大自然得到新的财富

(24) ресурсы земли неисчерпаемы 自然资源取之不尽

(25) ресурсы природы начали подходить к концу 自然资源趋于枯竭

(26) переделать природу коренным образом 从根本上改造大自然

(27) исчезло много видов животных и растений 很多动植物灭绝了

(28) спасти редкие виды растений и животных 解救稀有的动植物

(29) нарушать экологическое равновесие 破坏生态平衡

(30) уничтожать источник всего, чем мы живём 消灭我们赖以生存的来源

(31) уничтожены огромные площади лесов 大面积的森林已灭绝

(32) уделять большое внимание проблеме охраны природы 非常重视自然保护问题

(33) прекращать все производственные выбросы 停止倾倒生产废料

(34) привлекать общественность к вопросам защиты и охраны природы 引起社会对环境保护问题的注意

(35) превращать пустыни в плодородные поля 把沙漠变成良田

(36) трудно представить себе жизнь без растений 很难想象没有植物的生活

(37) помогать людям разгадать тайны природы и стать хозяевами зелёного мира 帮助人们探测大自然的奥秘并成为绿色世界的主人

(38) сделать океан чистым и безопасным для всего живого 把海洋变成干净的、对生物无害的

(39) уступить другим городам в озеленении 在绿化方面不如其它城市

(40) у городов-гигантов всегда большие проблемы 大城市中总是存在许多问题

(41) вернее, целый комплекс проблем 确切地说是一系列问题

(42) в том числе 其中包括

(43) (кому) предстоит решать вопросы……面临解决的……问题

(44) перед (кем) стоит задача…面临着任务

(45) непрерывно увеличивается количество автомобилей 汽车数量不断增加

(46) вызвать затруднение движения транспорта 引起交通困难

(47) в связи с развитием транспорта 由于交通的发展

(48) рождаются (возникают) и другие проблемы 又产生了许多其它问题

(49) проблема охраны окружающей среды 保护周围环境的问题

(50) загрязнять воздух 污染空气

(51) воздух становится всё грязнее 空气变得越来越脏

(52) шум от движения транспорта становится всё более сильным 交通所产生的噪音越来越大

(53) мешать (кому) работать, отдыхать, спать 干扰……工作、休息、睡眠

(54) заболеть разными болезнями 发生各种疾病

(55) уделять большое внимание развитию транспорта 非常重视交通的发展

(56) принять целый ряд мер 采取一系列措施

(57) помогать решить многие проблемы 帮助解决许多问题

(58) обеспечить людям оптимальные условия труда и быта 为人们提供最适宜的工作和生活条件

(59) изменять условия своего существования 改变自己的生存条件

(60) решать проблему в плане международного сотрудничества 通过国际合作解决问题

(61) с учётом интересов всего человечества 考虑到全人类的利益

(62) поглощать кислород (大量) 耗氧

(63) процесс фотосинтеза 光合作用的过程

(64) усваивать углекислый газ 吸收二氧化碳

7. 做一个符合时代要求的人 (Быть достойным общества человеком)

Быть достойным общества человеком

※ [写作要点] (1) 开头说明随着科学技术的发展,未来的建设者——现在的学生,是社会重要的生产力。(2) 论述做个好学生的必要性及摆在学生面前的重要任务。(3) 最后论述怎样才能成为符合上述标准、对社会有益的人。

Студенты, овладевающие наукой и техникой, с течением времени становятся первой производительной силой, и, несомненно, строителями будущего.

Гигантские, ещё не решённые задачи стоят перед нами. Развитие общества не стоит на месте. Если бы не было науки и техники, то перед нами не было бы перспектив. Мы живём в эпоху бурного развития научно-технического прогресса, для нас первая задача — приобретать знания. Человек всегда тянулся к знаниям, ведь без них невозможно овладеть никакой профессией, достичь цели в жизни, осуществить свою мечту. И мы, молодёжь, должны оправдать те большие надежды, которые возлагает на нас общество. В наш век прогресса и компьютеризации невозможно представить себе безграмотного специалиста, инженера, врача. Образование — залог нашего светлого будущего и наших успехов, Знания необходимы нам, как хлеб, без которого человек на может жить.

Мы уверены, что счастье человека — это жить для человечества, делать всё для развития общества. Для того нам нужно с самого начала учёбы приучить себя к строгой последовательности в действиях, в накоплении знаний. Кроме того, соблюдать законы общества, быть достойными гражданами своей страны.

Если бы я стал учёным

С детства я мечтал стать учёным, с этой мечтой я вырос и стал взрослым. Что нужно, чтобы стать учёным? Природные способности. Воспитание. Есть два качества, без которых успех в науке действительно невозможен: смелость мысли и любовь к делу. Когда одного великого учёного спросили: "Как вам удалось сделать открытие?", он ответил: "Мне очень хотелось знать, мне просто было интересно". Тот, кому не хочется знать, кому это не интересно, тот ничего интересного и не узнает.

Мы уважаем учёных потому, что они помогают человечеству развивать науку, технику и культуру, они познают тайны природы и осуществляют мечту полететь в космос, они открывают человечеству новый мир и др.

А если бы я стал учёным, то я занимался бы полезными для народа делами. Все силы отдал бы тому, чтобы люди пользовались бы атомной энергией в мирных целях, уничтожили бы вредные результаты, принесённые войнами, осуществили бы общечеловеческую мечту жить как единая семья.

Если бы я стал учёным, я приложил бы все силы, чтобы общество стало богаче, люди были сыты, чтобы радость и улыбка украшали лица людей.

Конечно, осуществление мечты требует высокого профессионализма, широкого знания науки и техники, культуры и искусства. Мне это под силу. В стране моей есть все условия, чтобы стать таким учёным.

Необходимость пополнения и обновления знаний

Наш век определил особое значение образования в жизни любого человека. В широком смысле под образованием следует понимать приобретение не только высококачественных знаний в той или иной области науки, но и профессиональных умений и навыков, приобретаемых в ходе соединения теории с практикой.

Однако было бы недальновидным считать, что однажды усвоенные знания и навыки остаются неизменными вечно. К сожалению, необновляемое образование довольно быстро теряет свой общественный вес.

Учеными установлено, что, например, за 10 лет знания устаревают на 50%. Подсчитано также, что ежегодно обновляется практически до 20% знаний. Причем, наиболее устойчивыми к так называемому старению оказываются фундаментальные знания, а быстрее всего утрачиваются профессиональные умения и навыки по узкой специальности. Следовательно, именно их и следует, в первую очередь, поддерживать и пополнять.

Наряду с этим, высокие темпы современного развития науки и техники, в свою очередь, требуют от общества создания условий для постоянного и поступательного пополнения и обновления знаний, а от человека — стремления к совершенствованию своих знаний в целях прогресса общества.

СЛОВА И ВЫРАЖЕНИЯ

(1) обладать хорошими качествами (высокой моралью) 具有好的品质(高尚的情操)
(2) скромный поступок 谦虚的行为
(3) прилежно учиться 勤奋地学习
(4) неустанно бороться за будущее счастье 为未来的幸福孜孜不倦地奋斗
(5) заложить хорошую основу знаний 打下良好的知识基础
(6) Знания — сила. 知识就是力量。
(7) оправдать надежды Родины 不辜负祖国的希望
(8) быть требовательным к самому себе 严格要求自己
(9) воспитать себя высоконравственным и квалифицированным 把自己培养成又红又专的人才

（10）брать обязанности на себя 承担责任

（11）достигнуть своей цели 达到自己的目的

（12）стараться быть полезным обществу людям 努力成为对社会有益的人

（13）выйти в передовые ряды 名列前茅

（14）достойный звания коммуниста 无愧于共产党员称号的

（15）кадры молодого и среднего возраста с высокими моральными и деловыми качествами, полные сил и энергии 德才兼备年富力强的中青年干部

（16）способность самостоятельно анализировать и разрешать вопросы 独立分析和解决问题的能力

（17）развивать у учащихся инициативу и творческую активность 发挥学生的主动性和创造性

（18）упорно овладевать знаниями и навыками 努力掌握知识和技能

（19）Ученье — свет, неученье — тьма. 学则明，不学则暗。

（20）Чтение — вот лучшее ученье. 读书是最好的学习。

（21）Береги честь смолоду. 从小要爱惜荣誉。

（22）Новое превосходит старое. 后来居上。

（23）Не стыдно не знать, стыдно не учиться. 不知不为耻，不学才羞愧。

（24）С книгой поведёшься — ума наберёшься. 开卷有益。

（25）Не кичись, а учись. 不要自傲而要好学。

（26）Учись смолоду, пригодиться в старости. 少年勤劳，老年受益。

（27）призывать молодёжь к соблюдению культуры и вежливости 号召青年养成文明礼貌习惯

（28）тянуться к знаниям 渴求知识

（29）век прогресса и компьютеризации 进步和电脑化时代

（30）Знания необходимы, как хлеб. 知识像面包一样不可缺少

（31）природные способности 天赋

（32）смелость мысли и любовь к делу 思想大胆，热爱事业

8. 提高外语水平（Повышение уровня иностранного языка）

Повышение уровня русского языка

❋[写作要点]（1）当前学习俄语的重要性；（2）学习者面前的困难和克服这些困难的方法；（3）应该掌握好的学习方法，把俄语学好。

Русский язык — один из пяти распространённых языков мира. Россия соседняя с Китаем страна. Изучение русского языка благоприятствует улучшению дружбы между двумя странами и может способствовать обмену культур. Самое важное то, что изучение русского языка приносит пользу для расширения объёма наших знаний.

Изучение каких-либо новых предметов обязательно приносит вам немало трудностей. Конечно, это относится и к изучению русского языка. Например, в быту мы не разговариваем по-русски, и поэтому нам трудно понимать и слушать по-русски. Мало книг читаем по-русски, это всё представляет наши проблемы в изучении русского языка.

Чтобы преодолеть их, нам надо много читать и много писать по-русски, слушать по радио и смотреть по телевизору специальные программы на русском языке. На уроке обязательно внимательно слушать учителя. После урока серьёзно выполнять задания, предлагаемые в учебнике. Если есть возможность, почаще общаться с носителями русского языка. Не бойтесь переспрашивать непонятные слова и выражения. Всё это важно для повышения уровня русского языка.

Если вы будете изучать русский язык так, как я советую, то обязательно будете лучше усваивать его, и, наконец овладеете в совершенстве. Ведь самое важное в процессе изучения иностранного языка — это желание, трудолюбие и смелость.

Желаю успехов всем, изучающим русский язык.

Почему необходимо изучать иностранный язык

※[写作要点](1)学外语热的出现;(2)学习外语是加强与外国交往的需要;(3)学习外语是学习和赶超先进国家的需要。

В последние годы всё более усиливается бум(热潮;景气) изучения иностранных языков, в который вовлечены люди разных возрастов и разных профессий. Их увидишь в школах, в вузах, в учреждениях и в компаниях. Азбуку заучивают(背会) даже дети лет 3 – 4. Кажется, без иностранного языка никто не обойдётся.

Почему надо изучать иностранный язык? Значение изучения иностранного языка представляется во многих аспектах. Наша страна осуществляет политику "реформ и открытости", и она с каждым днём вступает в тесный контакт с внешним миром. Чтобы глубоко узнать и понять друг друга, необходимо обращаться за помощью к иностранному языку. Иностранный язык расширяет наш кругозор и даёт нам возможность познакомиться с иными нациями, с иными цивилизациями. Нам пригодятся их мудрость и опыт. Более того, всё ближе к нам подходит глобализация во всех областях человеческой деятельности. Например: в политике, в экономике... Земной шар становится всё теснее и теснее. Люди нуждаются в обмене мыслями, информацией. И здесь, недоступный друг другу язык станет первым барьером, подлежащим преодолению.

Чтобы идти в ногу со всем миром, чтобы следить за передовыми странами мира и догнать их, знание иностранного языка необходимо.

Студент и китайский язык

❄[**写作要点**](1)目前,中国高校中很多大学生中文水平不高;(2)出现这种现象的原因和后果;(3)大学生应该重视中文学习。

Студент и китайский язык Китайский язык становится все популярнее в мире. Все больше и больше людей изучают этот сложный язык. Однако в Китае наблюдается одна проблема — китайская молодежь знает свой родной язык все хуже. Почему это происходит? В Китае большое внимание уделяется изучению иностранных языков. С самого детства ребенок начинает обязательно изучать английский язык. Обычно подростки учат и второй иностранный язык. Иностранный язык изучают с детского сада и до института. Подростки бросают все силы на изучение иностранных языков, некоторые языки очень трудные (например, русский язык) и требуют много времени, сил и внимания. Таким образом, с детства у ребенка не остается времени на хорошее изучение своего родного языка. Иногда китайские подростки могут хорошо говорить на английском языке, но плохо на китайском. Вторая причина — это развитие интернета. Китайские студенты могут только общаться в чате, печатают или отправляют голосовые сообщения. Но у них скудный словарный запас, они плохо пишут по-китайски. Это одна из самых больших национальных проблем. Ведь родной язык — это культурное наследие нации. Если исчезает язык, то исчезает и нация.

Без национального языка страна теряет международный имидж в мире. Для этого нужно больше внимания уделить изучению китайского языка молодежью на государственном уровне, приложить все усилия по повышению грамотности китайского языка.

СЛОВА И ВЫРАЖЕНИЯ

(1) овладеть иностранным языком в совершенстве 完全掌握一门外国语言

(2) слушать радио и запись на русском языке 听俄语广播和录音带

(3) делать записи в тетрадях 记笔记

(4) читать вслух 朗读

(5) записать себя на плёнку 给自己录音

(6) запоминать русские слова 记俄语单词

(7) выделять время на изучение иностранных языков 抽出时间学习外语

(8) талант к произношению 发音的天赋

(9) хорошая память 记忆力好

(10) развивать память 加强记忆

(11) смело говорить на изученном языке 大胆用所学语言讲话

(12) используя любую возможность, совершенствовать язык 利用一切机会提高语言水平

(13) взять ещё большую высоту 达到更高的水平

(14) самое важное для изучения языка: желание, трудолюбие и смелость 学习语言最重要的是愿望、勤奋和敢说

(15) начинать говорить, когда знаешь только сто слов 只会一百个单词就开始讲俄语

(16) преодолеть психический барьер 克服心理障碍

(17) не бояться переспросить 不耻下问

(18) общаться с носителями русского языка 同说俄语的人交往

(19) пребывать в среде русского языка 呆在俄语语境(环境)中

(20) Язык — средство общения. 语言是交际的工具。

(21) вступить в контакт с внешним миром 开始与外界接触

(22) Знание языков важно для ознакомления с наукой и культурой других стран. 掌握语言对了解其它国家的科学和文化是很重要的。

(23) Язык помогает человеку проникнуть в тайны сложнейшего и безгранично

разнообразного мира. 语言帮助人洞察极其复杂并且变化无穷的世界的奥秘。

(24) играть особую роль в развитии человечества 在人类社会的发展中起特殊作用

(25) Язык — могучее оружие человека в трудовой и творческой деятельности. 语言是人类在劳动和创造活动中强大的武器。

(26) относиться к мировым языкам 属于世界语

(27) являться одним из официальных языков ООН 是联合国的官方语言之一

(28) красивый, образный, точный язык 优美、形象、准确的语言

(29) развитие языка связано с историей народа 语言的发展与人类的历史紧密相关

(30) оставить след в языке 在语言中留下痕迹

(31) язык обогатился новыми словами 新词丰富了语言

二、观念类

1. 人应该有美的心灵(У человека должна быть красивая душа)

У человека должна быть красивая душа

❋[写作要点](1)人们尊重心灵美胜过一个人的外表;(2)心灵美才能真正说明一个人的完美程度;(3)通过实例说明做一个有益于人民的人,不断完善自我,方能获得真正的幸福。

Народная мудрость говорит: высокая добродетель (美德) как дорогой камень. Она кажется более красивой на простом фоне. Правда, человека в не дорогой одежде, но с высокой добродетелью, особенно уважают. Это говорит о том, что мы должны высоко ценить красивую душу.

А. П. Чехов говорил: "В человеке всё должно быть прекрасно: и лицо, и душа и мысли". Почему же люди обращают большое внимание на красоту души и ставят красоту души как меру оценки человека? Это потому, что красивая внешность только внешне выражает духовное состояние человека, а красивое чувство уже другое дело. Оно внутренне оценивает степень совершенства человека.

Возьмём к примеру известного германского музыканта Бетховена. Многие считают, что он был красавцем, с прекрасными манерами, а на самом деле он совсем не красавец, низкого роста. Однако он красивая звезда в душе народов всего мира. В самый трудный момент для музыканта, когда у него слух стал слабым, он написал известное произведение "Героическая симфония" и другие. Он своими произведениями призывает людей стремиться к лучшей жизни.

В жизни каждого человека бывают взлёты и падения, жизненный путь каждого извилист(弯曲的) и тернист(荆棘的), но человек с красивой и благородной душой может всё преодолеть. Молодые друзья, будьте людьми с великой мечтой, с хорошим образованием, разнообразными знаниями. Пусть ваш внутренний мир станет богаче. За счёт этого вы станете красивыми в душе, и тогда вы будете чувствовать себя счастливыми.

2. 青年人的历史任务(Историческая задача молодежи)

Историческая задача молодёжи

※[写作要点](1)青年人的首要任务是学习;(2)青年人的另一个任务是为祖国建设做贡献。

В разные периоды времени молодёжь имеет разные задачи.

А в чём состоит историческая задача молодёжи, которая перешагнёт порог 21-ого века? По-моему, первая задача молодёжи, как и прежде, — учеба. Ведь 21 век представляет собой время бурного развития науки и техники. Чтобы не быть чуждой творческой идеи, она должна постоянно обогащать себя современными знаниями, повышать свою квалификацию, перенимать(仿效) опыт у других людей, в частности, у людей старшего поколения. Всё это сделает ее лидером(领先者) в ходе общественного прогресса.

Другая важная задача молодёжи — это отдавать свои силы строительству государства, делу мира и развития страны. Старшее поколение оставило молодёжи колоссальные нравственные и материальные богатства, а последняя, в свою очередь, должна унаследовать(继承) его высокие стремления и продолжить его славную работу.

Молодёжь по праву берёт на себя ответственность продвинуть наше общество вперёд. В этом отношении она играет ни с чем не сравнимую важную роль.

СЛОВА И ВЫРАЖЕНИЯ

(1) нравится красивая жизнь 喜欢美满的生活

(2) жить одним дыханием с народом 与人民同呼吸

(3) связывать свою судьбу с судьбой Родины 将自己的命运与祖国的命运联系在一起

(4) любить красное знамя с пятью звёздами 热爱五星红旗

(5) любовь к Родине должна воплощаться в делах 对祖国的爱应体现在事业上

(6) любовь к Родине проявляется везде и всегда, и в великом, и в малом 对祖国的爱随时随地能表现出来，无论在大事还是在小事中都能表现出来

(7) добиться процветания и могущества страны 使国家繁荣昌盛

(8) превратить нашу страну в богатую и могучую страну 将我们的国家变成富裕强盛的国家

(9) работать во имя могущества Родины 为祖国的昌盛而工作

(10) экономика в нашей стране на высоком уровне 我们国家有经济实力

(11) внести большие изменения в (чью) жизнь 给……的生活带来巨大变化

(12) вызывать у (кого) глубокое (красивое и возвышенное) чувство к Родине 激起……对祖国深深的(最美好最崇高的)爱

(13) в памяти встаёт прекрасная картина 脑海中浮现美好的情景

(14) модернизация сельского хозяйства, промышленности, обороны, науки и техники 农业、工业、国防、科技现代化

(15) жизненный путь может быть извилистым и тернистым, но это не может пугать (кого) 生活的道路可能是蜿蜒荆棘的,但这吓不倒……

(16) не гнаться за личной славой и выгодой 不追求个人名利

(17) житейские неприятности не должны заслонять работу 生活上不愉快的事不该影响工作

(18) преисполнять (кого) чувством гордости за великую Родину 使……充满着对伟大祖国的自豪感

(19) не думать только о личной выгоде 不要只想个人的利益

(20) беззаветно (всей душой и всеми промыслами) служить народу 忘我地(全心全意地)为人民服务

(21) на долю молодёжи выпала великая задача 伟大的使命落到青年人肩上

(22) Жизнь не те дни, что прошли, а те, что запомнились. 生活不是流逝的日子,

而是能让人记住的岁月。

(23) приучить себя к строгой последовательности в накоплении знаний 使自己在积累知识方面养成严格的循序渐进的习惯

(24) Без науки и техники дело модернизации страны не может увенчаться победой. 没有科学技术，国家的现代化事业就不会成功。

(25) Кому же, как не нам, претворять в жизнь великую задачу осуществления модернизации страны? 实现现代化的伟大任务，不是由我们，还能是由谁来完成呢？

(26) в жизни бывают взлёты и падения 生活中总是有起有落

3. 人应该有远大目标（У человека должна быть великая цель）

У человека должна быть великая цель

❉ [写作要点]（1）远大目标可以引导人走向成功；（2）举例说明有了远大目标，就会有勇气和力量克服前进中的困难；（3）指出不能满足于已取得的成绩或胜利，虽有天才，但无远大理想，同样不能取得巨大的成功。

У каждого молодого человека своя цель. Она, как свет, освещает человеку путь к успеху.

Путь к осуществлению цели может быть извилистым и тернистым. Человек, который стремится к своей цели, должен иметь сильную волю, твёрдый характер и целеустремлённость. Нужно всегда идти вперёд, добиваться успехов. Цель даёт смысл человеческой жизни. Если у человека нет великой цели и твёрдой уверенности в своих силах, то он не может ясно видеть своё будущее. Когда он встретит трудности на своём пути, обязательно потерпит поражение.

Некоторые молодые хотят быть такими же, как Эйнштейн и Кюри. Но они не знают, как эти великие люди жертвовали собой. Эйнштейн и Кюри добились своего, потому что великая цель вдохновляла их, развивала их ум и способности, воодушевляла их на преодоление препятствий на пути к успеху.

Кроме того, тогда, когда нет великой цели, великой мечты, когда человек удовлетворён лишь мелкими победами, легко остановится на достигнутом. Если даже у человека есть большой талант, но нет великой цели, он всё равно не сможет достичь успеха.

Опыт преуспевающих говорит нам: великая цель у человека — это путь к успеху.

Пусть мечта превращается в реальность

✼ [**写作要点**] (1)点题:理想是前进的指路明灯;(2)简要说明理想与现实的关系;(3)青年人要努力奋斗,将理想变为现实。

Мечта — это маяк, указывающий людям дорогу вперёд. Она сопровождает нас всю жизнь, укрепляет веру в себя, зовёт в будущее. Она всегда потихоньку открывает клапаны(阀门) сердца и укрепляет нашу храбрость и уверенность в будущем, когда мы теряем надежду в жизни из-за всевозможных реальных объективных факторов.

Мечта и реальность, как сёстры-близнецы, всё время сопровождают вас в жизни и работе. Те, у кого в сердце высокая мечта, всегда беспрерывно стараются и неустанно борются, чтобы сократить расстояние между мечтой и реальностью. Наоборот, те, у кого в сердце нет мечты, нет стремления к прекрасной жизни, живут бесцельно и заурядно(平庸). Эти люди никогда не получают удовольствия от жизни и никогда не достигают высоких результатов. А ведь путь к достижению мечты одинаков для всех — через упорнейший труд и усилия. Верно говорят, кто хочет, тот всегда своего добьётся.

Молодые друзья! Имейте в жизни свою мечту. Стремитесь к ней. Цветами и улыбкой обогащайте свою жизнь. Пусть каждая мечта превращается в красивую реальность.

СЛОВА И ВЫРАЖЕНИЯ

(1) существует разница мужду мечтой и реальностью 理想与现实之间存在着差距
(2) у (кого) утвердилась вера и мечта... 确立了理想和信念
(3) у человека должна быть возвышенная цель 人应该有崇高的目标
(4) у (кого) сбылась давная мечта... 久远的理想实现了
(5) Мечта — это цель в жизни человека. 理想是人的生活目标。
(6) мечта и цель воодушевляют человека идти вперёд 理想和目标鼓舞人前进
(7) стремиться к правде (благородной цели) 追求真理(崇高的目标)
(8) цель — это направление жизни 目标是生活的方向
(9) Жизнь без цели — корабль без управления. 生活没有目标就等于船失去了

方向。

(10) у (кого) возникла мысль, что... ……产生了……想法

(11) быть благородным человеком 成为一个高尚的人

(12) быть уверенным в светлом будущем человечества 相信人类的光明未来

(13) верить в завтрашний день 对明天抱有信心

(14) считать (что) большой честью 将……视为莫大的荣誉

(15) жить только одной целью бороться за процветание и могущество своей Родины 生活的唯一目标是为祖国的繁荣昌盛而奋斗

(16) человек не просто существует, а живёт 人不仅仅是活着,而重要的是生活

(17) обогатить свою память знаниями 用知识丰富自己的头脑

(18) мечта украшает нашу жизнь 理想装扮我们的生活

(19) пусть мечта и цветы сопровождают вас в жизни 让理想和鲜花伴随您的生活

(20) по-своему отвечать на вопрос о смысле жизни 按自己的方式回答关于生活意义的问题

(21) главный смысл жизни заключается в том, что... 生活的主要意义在于……

(22) Важно не то, кем тебя считают, а то, кто ты есть в самом деле 重要的不是别人把你看成谁,而是实际上你是谁

(23) отрешиться от старых взглядов 抛弃陈旧的观念

(24) не использовать служебное положение в личных целях 不利用职权谋私利

(25) пытаться взойти на вершины науки 试图攀登科学的顶峰

(26) эгоист только и знает, что... 利己主义者仅仅知道……

(27) можно ли жить, совершенно не думая о (чём) 是否可以不考虑……而活着

(28) Кто живёт только для себя, тот нуль для других. 只为自己而活着的人对别人来说一文不值。

(29) отдать обществу больше, чем получить от него 给予社会的多于索取的

(30) отдать свою жизнь без минуты колебания 毫不犹豫地献出自己的生命

(31) Человек живёт не для того, чтобы только самому жить хорошо, а для того, чтобы сделать жизнь других счастливой. 人活着不仅仅是为了自己生活得好,而是为了使别人生活得幸福。

(32) путь к достижению мечты одинаков для всех 实现理想的道路对所有人都相同

4. 人生意义和幸福(Смысл жизни и счастье)

Смысл жизни

❋ [写作要点](1)在生活意义上的两种观点;(2)自己对生活意义的看法。

Широко известны два мнения по вопросу о смысле жизни. Первое: определенное число людей видит смысл жизни в создании удобной жизни только для себя, то есть заботятся о личных удовольствиях. Вторая точка зрения связана с широким взглядом на жизнь: ее приверженцы(拥护者) считают, что смысл жизни состоит в том, чтобы все окружающие жили удобно и счастливо.

Следует признать, что представители первой группы отличаются эгоистическими(自私的) наклонностями: они заботятся только о себе, не осознавая, что их поведение не способствует созданию дружеских отношений между людьми, а создает, напротив, недоверие, вовлекая народы, страны и государства в ссоры и даже военные конфликты.

В свою очередь, люди, принадлежащие к другому направлению, заботятся обо всех и обо всем. Если бы все были такими, как они, то на нашей земле не осталось бы ни войн, ни горя, ни несчастья.

Мне кажется, что смысл жизни состоит в том, чтобы каждый из нас приносил пользу обществу и своей семье, чтобы общество стремилось к прогрессивному развитию, создавая все лучшие условия жизни для каждого своего члена, чтобы все люди помнили о добре и учили своих детей доброте и взаимопомощи.

В чём смысл человеческой жизни

❋ [写作要点](1)对人生意义的几种不同认识;(2)我对人生意义的认识。

Человек всё время задумывается над тем, как реализовать себя в жизни, задумывается над смыслом своей жизни.

Кто-то считает, что смысл жизни в том, чтобы добиться успехов, о которых другие даже не могут и мечтать и вписать своё имя в историю. Другие считают, что заработать много денег и добиться своей цели — это смысл жизни. А я считаю, что смысл человеческой жизни заключается не только в большой победе, а в том, боролся ли человек за свою цель, и что он делал в жизни. Если

человек изо всех сил работал, постоянно стремился к своей цели, даже если он ничего и не добился, но в процессе этой борьбы его жизнь имела смысл. Большинство из нас занимается обыкновенной работой. Но даже если мы только лишь честно выполняли свои обязанности, приносили пользу обществу, и окружающие люди чувствовали, что мы среди них, значит, наша жизнь прожита не зря.

Каждый человек имеет свою ценность и своё место в обществе. Ни в коем случае не презирайте(轻视) себя, друзья!

Что такое счастье?

❋[写作要点](1)对幸福人们有不同的理解；(2)我对幸福的理解；(3)幸福在于追求、在寻求中获得。

У каждого свое представление о счастье. Если вы спросите пожилого человека, — он, вероятнее всего, ответит, что счастье в спокойствии. А если зададите этот же вопрос юной девушке, то узнаете, что счастье — любить и быть любимыми. Нет однозначного ответа.

Я считаю, что счастье можно понимать очень широко: счастлив тот, кто нашел себя в жизни, для кого профессия стала любимым делом, кто щедро отдает себя другим людям, обществу, кто умеет радоваться жизни.

Вопрос о том, как стать счастливым, во все времена волновал человечество. Часто говорят, что счастье — это птица, которая стремится в недостижимую высь и редко дается в руки. Мне кажется, что так и должно быть: счастье — это сверкающая вершина, движение к которой — бесконечно! Кто-то когда-то сказал:"Жаль, что счастье нельзя найти по дороге к нему..." Эти слова, по-моему, очень точно отражают суть проблемы: счастья нужно добиваться, его можно достичь только в поиске, причем, каждый должен сделать это сам.

Что такое счастье?

❋[写作要点](1)对幸福的答案是不同的；(2)幸福在事业中、在追求中。

Каждый человек хочет быть счастливым, и каждый человек стремится к счастью. А что такое счастье? Ответы на этот вопрос разные. У каждого своё понимание счастья.

Иметь много денег — это счастье. Иметь благополучную семью — это счастье. Добиться больших успехов в работе — это тоже счастье. А я думаю, что счастье не в достигнутом успехе, а в процессе труда, в стремлении к своей цели. Помню, в какой-то песне есть такие слова: "Где счастье? Отвечаю вам, друзья. Оно не в тени под деревом и не в теплице. Оно в усердной работе и в упорном труде..." Это правда. Труд — достойное дело, в нём можно черпать безграничное счастье и радость.

Нужно отметить, что нельзя ждать счастья. За него нужно бороться, к нему нужно идти. Если вы принесёте радость другим, то получите добрый ответ. Если вы позаботитесь о других, сделаете добро другим, будете и сами счастливы.

Ищите счастье, друзья. Оно рядом с вами, оно вас ждёт. Счастье улыбается тем, кто любит жизнь, кто настойчиво стремится к нему.

Любовь и деньги

❉[写作要点](1)爱情是一种美好情感，与贫富无关；(2)金钱买不来爱情。

В русском языке есть поговорка: "Сильна любовь, да деньги сильнее." Поговорка поговоркой, но далеко не все так думают. Любовь — это самое прекрасное человеческое чувство, то, что человек должен беречь больше всего. Она даётся человеку в независимости от того, бедный он или богатый. Для любви нет различий.

Любовь — это сердечная привязанность к любимому. Она возникает благодаря личному очарованию, или прелести лица и фигуры, или желанному характеру, или благодаря высоким душевным качествам человека. А то, имеет ли человек много денег, в какой семье он живёт, для любви не имеет особого значения.

Действительно, деньги многое могут. Они могут удовлетворить потребности людей в материальных благах. За деньги можно купить часы, но не купишь времени, можно обладать партнёром, но не получишь настоящего друга, можно купить мужа или жену, но не купишь любви.

Мы видели зажиточную семью, в которой не чувствуется счастья, и бедных супругов, у которых любовь и труд всё побеждают.

"Не бери приданое, бери милу девицу." — есть и такая поговорка в русском языке.

СЛОВА И ВЫРАЖЕНИЯ

(1) двинуть дело вперёд 推动事业前进

(2) взять крепость науки 攻下科学堡垒

(3) вкладывать все силы и энергию в дело науки 将全部精力献给科学事业

(4) вносить сравнительно большой вклад в дело развития человечества 对人类的发展做出较大的贡献

(5) самоотверженный характер 自我牺牲的性格

(6) в расцвете таланта 在风华正茂的时候

(7) задумываться над смыслом бытия, над жизнью и смертью 思考存在的意义，思考生与死的问题

(8) терять себя 失去自我

(9) добро и зло, любовь и ненависть, правда и ложь 善与恶、爱与恨、真理与谎言

(10) сомнение в собственных силах 怀疑自己的力量

(11) духовная опора 精神支柱

(12) найти себе дело по душе 找到称心的事业

(13) добрая, нежная и самоотверженная девушка 善良、温柔、有牺牲精神的姑娘

(14) чувствовать в себе силу, способность к (чему) 觉得自己有力量有能力做……

(15) Благополучие в семье и любимая работа — вот человеческое счастье. 有幸福的家庭和喜爱的工作，这就是人的幸福

(16) Вся моя жизнь — это учёба. Книги, книги, ещё раз книги. 我的全部生活就是学习，书、书、还是书

(17) Экономика у нас простая и несложная. 我们的经济状况很一般

(18) духовный мир 内心世界

(19) жить своим трудом 靠自己的劳动生活

(20) (кому) во всём счастье……诸事顺利

5. 劳动与天才 (Труд и талант)

Тяжёлый труд — это золотой мост к осуществлению наших желаний

❋ [写作要点] (1) 点明愿望必须通过劳动才能实现;(2) 阐明奋斗与成功的关系;(3) 必须把实现自己的愿望与做实际工作、进行艰苦的劳动紧密结合起来。

Давайте посмотрим вокруг. Всё, что нас окружает — широкие проспекты, парки, сады, высотные здания — всё создано руками человека. Труд помогает человеку жить, мечтать, радоваться. Труд создал человека. Ничто не может заменить человеку радость трудиться. Труд физический закаляет человека, делает его сильным, здоровым. А умственный труд способствует развитию умственных способностей человека, расширяет его кругозор.

Человек, имеющий перед собой жизненную цель, только упорно работая, может осуществить свою мечту.

Каждый, кто готов отдать всего себя делу, должен быть прилежным работником на своём месте. Наши альпинисты, преодолевая опасность и препятствия на пути к осуществлению своей цели, поднялись на вершину высочайшей горы в мире. Когда знамя с пятью звёздами стало развеваться над ней, они почувствовали себя счастливыми, так как они выполнили свою заветную мечту.

Некоторые считают, что успех — это цветы победы, и желание — почва, на которой растут цветы. А тяжёлый труд — это свет и вода, которые способствуют тому, чтобы эти цветы цвели. И действительно, труд без желания, как вода без источника. Разумеется, если отсутствует дух борьбы, то трудно воодушевить человека на преодоление препятствия.

Мы считаем, что каждый, кто определил своё желание, свою жизненную цель, должен стать человеком дела.

Сочетать желание и поступки с практикой — единственный способ осуществления нашего желания. А результат наших усилий будет способствовать общему прогрессу.

Талант — это прежде всего упорный труд

❋ [写作要点] (1) 什么是天才？(2) 许多成功者未必天生就比别人有才

华;(3)天才首先要通过艰苦的劳动才能成功。

  Великий ученый Эйнштейн отмечал: удача = 1% таланта + 99% труда. На мой взгляд, он точно вывел формулу успеха, потому что на свете еще никто не сумел достичь вершины своей деятельности без долгого, кропотливого труда. Когда у человека все получается, некоторые говорят: "Он талантлив от рождения". Думаю, что это неточно, так как у каждого одинаковые возможности, а полного успеха достигнет тот, кто больше трудится.

  Среди известных ученых, выдающихся лидеров не все от природы талантливее и умнее других, однако всех их объединяет одно общее качество: они всю жизнь посвятили любимому делу. Они настолько преданы своей деятельности, что большинство простых людей не в состоянии себе это представить. В частности, таким примером может служить творчество выдающегося математика Чень Цзинжуня, всю свою жизнь, как говорится, денно и нощно, без устали трудившегося во имя своей науки.

  Я считаю бесспорным тот факт, что талант — прежде всего величайший труд.

О способностях человека

※ [**写作要点**](1)什么是人的才干;(2)才干可以培养和发挥。

  Что такое способности человека? Это умение справляться с какой-нибудь работой или с какой-нибудь задачей. Способности даются человеку от природы, но их можно воспитать и развить самому.

  Способности являются важным условием для развития человека в конкурентном обществе. Они помогают человеку реализовать свою человеческую ценность, найти лучший вариант приложения своих сил, и быть победителем в жизни. Чем больше способностей у человека, тем шире, богаче и интереснее его жизненный путь.

  А как воспитывать и развивать в себе способности?

  Во-первых, приобретать знания из книг. На свете бесчисленное количество книг, в которых собраны знания о человеке и природе. Книга раскрывает нам правду, открывает нам дверь в необъятный мир. Хотя нельзя сказать, что знания — это способности, но человек всё таки развивается на основе подготовки.

Чем выше уровень знаний у человека, тем больше возможностей.

Во-вторых, приобретать знания из жизни. Это другой путь к развитию своих способностей. На практике можно получить много, чего незьзя найти в книгах. Внимательно наблюдая окружающий мир, мы можем научиться многому.

Развивайте в себе способности, друзья! Они ваше богатство, и обязательно пригодятся в жизни.

СЛОВА И ВЫРАЖЕНИЯ

(1) у (кого) желание осуществить свою цель... 有实现自己目的的愿望
(2) Желание воодушевляет людей, побуждает их идти вперёд. 愿望使人奋发, 推动人前进。
(3) простой и вместе с тем замечательный человек 平凡而伟大的人
(4) без муки нет и науки 没有艰辛就没有科学
(5) заставлять (кого) учиться и совершенствоваться 迫使……学习并自我完善
(6) исполнить своё желание, упорно работая 努力工作, 实现自己的愿望
(7) работать до глубокой ночи, не зная усталости 不知疲倦地工作到深夜
(8) путь к достижению одинаковый — через упорнейший труд 成功之路是相同的——经过艰苦的努力
(9) отдать всю душу любимому делу 将全部心血投入到所喜爱的事业上
(10) вдохновлять (кого) на борьбу, на подвиг 鼓舞……去奋斗, 去建立功勋
(11) не сдаваться ни при каких условиях 在任何情况下都不屈服
(12) нельзя не пройти через тяжёлый труд 不通过艰苦劳动(努力)是不行的
(13) Кто хочет, тот добъётся своего. 有志者事竟成。
(14) Не спеши языком, торопись делом. 少说空话, 多做实事。
(15) Без труда не вынешь и рыбу из пруда. 不费力气连池塘里的鱼都得不到。
(16) неустанно трудиться на благо Родины 为祖国的利益不倦地(工作)劳动
(17) маленькое дело лучше большого безделья 做小事总比无所事事强
(18) (кому) не к лицу отступать перед трудностями……不应在困难面前退却
(19) готов(-ва) всю жизнь прилежно работать на своём рядовом посту 准备在平凡的岗位上努力工作一生
(20) стремиться быть похожим на этих людей 努力成为象他们那样的人
(21) впереди (кого) ждёт более яркое будущее 更光明的未来在等待着……

(22) морально подготовить себя к любым делам, трудностям, испытаниям 在思想上准备迎接各种工作、各种困难、各种考验

(23) выпить из чаши жизни не только всю горечь, но и всю сладость 从生活的酒杯中喝下的不仅仅是苦涩,而且还有甘甜

(24) оказать влияние на развитие науки и техники 对科学技术的发展产生影响

(25) отдать всего себя без остатка делу строительства 为建设事业毫不保留地献出自己的一切

(26) видеть счастье в том, чтобы своим трудом приносить народу пользу 将用自己的工作(劳动)给人民带来益处看成是幸福

(27) Человек от лени болеет, от труда здоровеет. 懒惰使人生病,工作(劳动)使人身体健康。

(28) работать на своём посту, пока сердце не перестанет биться 只要心脏还在跳动,就要工作在自己的岗位上

(29) работать над своим характером 培养自己的个性

(30) нуждаться в самостоятельно мыслящих творческих личностях 需要能独立思考问题、有创新精神的人才

(31) способный принимать зрелые решения 能做出成熟的决策

(32) строить здание своего характера 塑造个人形象大厦

(33) увереннее выбирать профессию 信心十足地选择职业

(34) Как оценить уровень своих способностей, умения, знаний? 如何评价自己的能力、才华和知识?

(35) Каждый должен стремиться подготовить себя к тем требованиям, которые выдвигает профессия. 每个人都应努力使自己适应工作的需要。

(36) Особенности человеческой личности, её интересы нужно развивать. 人的个性,人的爱好需要培养。

6. 学习和书籍(Учёба и книга)

Учёба — это спутница человека в жизни

※ [写作要点](1)指出为什么学习是人的终生伴侣;(2)阐述学习的重要性;(3)青年人应珍惜青春这一学习的黄金时期,奋发努力掌握科学知识,使自己的生活变得更有意义。

Что представляет собой спутница человека в жизни? Некоторые отвечают:

любимая. Это не совсем правильно, так как у человека только после свадьбы есть любимая. Некоторые отвечают: дело. Такой ответ тоже не совсем правильный, так как в детстве человек ещё не понимает, что такое дело. Тогда что представляет собой спутница человека? Ответ на этот вопрос составляет одно слово: учёба.

Человек с рождения должен учиться. Если ребёнок не учится, он не может ходить и говорить. В детстве человек должен начинать понимать слова и получать разные знания. А в молодости ещё сильнее требуется учиться. Поэтому и в пожилом возрасте и в старости человеку всё ещё нужно учиться, чтобы не отставать от хода развития истории и сохранять молодость души.

Все преуспевающие учёные, как Ньютон и Эйнштейн, ставили учёбу на первое место в жизни. Они боролись всю жизнь и учились всю жизнь. Их успехи тесно связаны с их старательной учёбой.

Теперь наука и техника быстро развиваются и, следовательно, мы должны постоянно пополнять наши знания.

А откуда же сила, которая двигает нашу учёбу? Она приходит от осознания величайшей цели. Человек, у которого есть великая цель в жизни, никогда не отказывается от учёбы.

Молодость — это золотое время для человека. Поэтому в это время надо более старательно учиться и каждый день повышать уровень своих знаний. Только так можно стать совершенным и полезным обществу человеком.

Если вы выбираете учёбу, как спутницу на всю жизнь, ваша жизнь будет значительной, ваша работа будет отличной, ваш вклад в дело общества будет большим, и одновременно в изучении вы глубже поймёте значение жизни. И так ваша жизнь станет прекрасной.

Радость чтения книги

❊[写作要点](1)不同的人对读书有不同的乐趣；(2)读书肯定会给人带来好处和乐趣。

Почти каждому из нас приходится иметь дело с книгой, кем бы ты ни был — учёным, инженером, рабочим, врачом или крестьянином. К тому же, чтение является одним из увлечений многих людей.

Но в чём же состоит радость чтения книги? Ответы на этот вопрос, конечно, могут быть разными. Дело понятное. У каждого свой вкус, своё любимое занятие и образ жизни. Те, кто любит читать самые разнообразные книги, считают, что чтение помогает человеку узнать незнакомый ему мир, расширить кругозор; другие, кто интересуется лишь художественной литературой, говорят, что чтение облегчает душу — вот какую радость приносит человеку книга; а третьи, в домашней библиотеке у которых только книги по специальности, справочники, словари, смотрят на книгу, как на лучшего учителя, с помощью которого они приобретают знания, специальность, профессию. Это, безусловно, радостное дело.

Что ни говори, но одно верно: "С книгой поведёшься — ума наберёшься." Такую пословицу надо запомнить каждому из нас.

Немного о книге

Книга — источник человеческой мудрости. Она духовный хлеб и лучший друг человека.

Недаром говорят, что чтение — лучшее учение, Книги помогают человеку формировать свой характер, узнавать людей, образовывать себя. В них можно найти ответ на любой волнующий тебя вопрос, почерпнуть знания на любую интересующую тебя тему.

Книга — это окно в мир. Из книг мы познаём мир, они помогают нам познать смысл и значение человеческой жизни.

Хорошая книга укажет нам правильную дорогу в жизни, научит нас быть настоящими людьми. Чтение каждой новой книги приносит человеку новые знания, новые силы. Книга обогащает наш ум, украшает нашу жизнь. Она играет важную роль в развитии человека. Человеку нужна книга, как нужен ему зоздух. Если бы на свете не было книг, не было бы у человека прекрасной и духовно богатой жизни.

Книга — наш большой друг и учитель. Она сопровождает нас всю жизнь, приносит радость и пользу. Любите книгу и читайте её, друзья!

7. 现代的专家应该是什么样的人？(**Каким должен быть современный специалист?**)

Каким должен быть современный специалист?

✳[**写作要点**](1)现代的专家的基本任务是什么；(2)现代专家应具有哪些品质；(3)如何才能成为一名现代专家。

В наше время, когда экономика развивается быстро, возрастает роль разных специалистов. А каким должен быть современный специалист? Какая его основная задача?

Специалист должен быть на уровне современных научных знаний. Мне кажется, что основная задача современного специалиста — творчески использовать научные знания, передовой опыт других специалистов в своей работе. Специалист должен всегда учиться, потому что постоянно происходит изменение профессиональных знаний в ходе технической революции. А специалист должен уметь решать производственные и технические задачи. Современный специалист должен иметь высокую культуру, профессиональное мышление, глубокую математическую подготовку. Словом, он должен посвятить себя развитию науки и техники. Специалист должен быть и творческим работником, уметь управлять высокоразвитым производством, делать всё сознательно, убеждённо. Он должен ясно видеть перспективы развития экономики страны.

Требования к современному специалисту очень высоки, потому что специалисты должны активно участвовать в ускорении социально-экономического развития страны.

Хотя мы только учимся в институте, и нам ещё далеко до специалистов, основные черты специалиста должны воспитываться в студенческие годы, так что мы должны научиться приобретать знания, должны творчески работать.

СЛОВА И ВЫРАЖЕНИЯ

(1) любить своё дело 热爱自己的事业

(2) самоотверженно работать 忘我工作

(3) быстро освоить свою специальность 迅速掌握自己的专业

(4) знать своё дело в совершенстве 精通本行

(5) творчески использовать научные знания и передовые достижения 创造性地

运用科学知识和先进成就

（6）овладеть своей профессией в совершенстве 精通自己的专业

（7）не должен быть исполнителем, должен быть творцом 不应当是一名执行者，而应当成为一名创造者

（8）стремиться к постоянному совершенствованию 追求不断的完善

（9）работать над своим характером 加强自我修养

（10）заботиться о постоянном пополнении знаний 注意不断充实知识

（11）знания требуют переделки и непрерывного пополнения 知识需要改造和不断地充实

（12）повышать квалификацию 提高技能

（13）уметь сосредоточивать всю свою волю, всю свою энергию для решения научных задач 善于集中所有的毅力和精力解决科学任务

（14）посвятить себя делу науки и техники 献身科技事业

（15）принимать активное участие в общественных делах 积极参加社会工作

（16）стать эрудированным специалистом 成为学识渊博的专家

（17）найти своё место в обществе 在社会中找到自己的位置

（18）быть на уровне современных научных знаний 处在现代科学知识的水平上

（19）управлять высокоразвитым производством 管理高度发达的生产

（20）видеть перспективы развития экономики 看到经济发展的前景

（21）участвовать в ускорении социально-экономического развития страны 参与使国家社会经济快速发展的工作

8. 一个好教师应具备哪些品质？（Какими качествами должен обладать хороший учитель？）

Какими качествами должен обладать хороший учитель？

❋[写作要点]（1）点明一个好教师对于培养教育学生所起的巨大作用；（2）指出一个好教师首先应是学生的良师益友，其次应具备广博的知识和研究能力，最后应懂得心理学和教育学。

Всем известно, что решающая роль в обучении и воспитании детей принадлежит учителю, что "учительская профессия — это человековедение". И люди пытаются определить, что означает термин "хороший учитель".

Хороший учитель — это прежде всего человек, который любит детей, находит радость в общении с ними, верит в то, что каждый ребёнок может стать хорошим человеком, умеет дружить с детьми, принимает близко к сердцу детские радости и горести, знает душу ребёнка, никогда не забывает, что и сам он был ребёнком.

Хороший учитель — это, во-вторых, человек, хорошо знающий науку, на основе которой построен преподаваемый им предмет. Гордостью школы становится учитель, который сам неравнодушен к проблемам, над которыми бьётся его наука, обладает способностью к самостоятельному исследованию.

Хороший учитель — это, в-третьих, человек, знающий психологию и педагогику, понимающий и чувствующий, что без знания науки о воспитании работать с детьми невозможно. Ни для кого не секрет, что настоящим учителем может быть только энтузиаст своего дела. Именно он, учитель, представляет собой образец такого отношения к труду, какое в целом должно быть характерно для всего общества.

СЛОВА И ВЫРАЖЕНИЯ

(1) Учитель — это инженер человеческих душ. 老师是人类灵魂的工程师。

(2) мне кажется (по-моему)(на мой взгляд) 我以为

(3) уважать и любить детей 尊重并热爱孩子们

(4) находить радость в общении с детьми 在与孩子们的交往中找乐趣

(5) верить в то, что каждый ребёнок может стать хорошим человеком 相信每一个孩子都能成为一位好人

(6) верить в доброе начало в каждой юной душе 相信每一颗幼小心灵都有一个良好的开端

(7) уметь дружить с детьми 善于和孩子们交朋友

(8) видеть в (ком) своего друга 把……看作是自己的朋友

(9) обмениваться с (кем) своими мнениями 与……交流思想

(10) обращаться к (кому) за советами 向……求教

(11) принимать близко к сердцу детские радости и горести 与孩子们同欢乐, 共悲伤

(12) увидеть себя глазами других людей 借别人的眼睛看自己

(13) непримирим(-а) ко всему показному, фальшивому 对一切弄虚作假的行为毫不妥协

(14) неравнодушен(-шна) к происходящему 对周围发生的事情不持漠不关心的态度

(15) учитель должен хорошо знать то, что он преподаёт 老师应该精通他所教的课程

(16) уметь преподавать другим свои знания 善于把自己的知识教授给他人

(17) уметь показывать самое существенное, важное в предмете 善于指出所学课程中最实质的、最重要的东西

(18) уметь от конкретного прийти к общему 善于从具体的东西中归纳出一般的东西

(19) владеть методом анализа и синтеза 掌握分析和综合的方法

(20) нельзя только перенимать, надо обязательно творить 不应该只是仿效，而应该去创造

(21) знать психологию и педологию 懂得心理学和儿童学

(22) искать свой, особый подход к каждому ученику 寻找自己的、独特的方法去对待每个学生

(23) находить путь к сердцам детей 寻找通往孩子心灵的途径

(24) пробуждать творческие силы детей 唤起孩子们的创造力

(25) внести свой вклад в формирование детей 为孩子们的成长做出自己的贡献

(26) ни для кого не секрет, что...... 对任何人都不是秘密

(27) энтузиаст своего дела 对自己事业抱极大热情的人

9. 生活的榜样(Пример в жизни)

Кто является для меня примером в жизни?

❋ [写作要点] (1) 具体提出自己生活中的榜样是谁; (2) 具体典型事例; (3) 我对榜样的态度

  Моя мать учительница в школе. Она преподаёт много предметов: математику, родной язык, биологию, зоологию(动物学), живопись. Тысячи ребят прошли её школу воспитания и обучения. Она часто работает до глубокой ночи, не зная усталости. Мама хороший специалист и у учащихся хорошая успеваемость. Я преклоняюсь(崇拜) перед моей матерью.

  Моя мать трудолюбивая. У неё самые добрые и ласковые руки, они всё умеют.

Моя мать честная и правдивая. Она всегда на равных со своими учениками. У неё золотое сердце. Тихо работая на своём месте, она посвятила всю свою молодость, отдала душу делу просвещения.

Мать — это первое слово, которое произносит человек. И оно звучит на всех языках мира нежно. И сколько бы ни было тебе лет, всегда нужна мать, её ласка, её взгляд. И чем больше твоя любовь к матери, тем радостнее и светлее жизнь.

Я люблю и уважаю мою мать. Она является для меня примером в жизни.

СЛОВА И ВЫРАЖЕНИЯ

(1) сила примера бесконечна 榜样的力量是无穷的
(2) необычайная история в жизни 生活中不寻常的一件事
(3) поступать по примеру своего любимого человека 做事以自己喜欢的人为榜样
(4) служить (кому) примером 是……的榜样
(5) человек с открытой душой 心地坦荡的人
(6) Человека оценивают не по его словам, а по его делам. 评价一个人不是看他怎样说的,而是看他怎样做的
(7) Добиться исполнения мечты — в этом величайший смысл жизни человека 人生最大的意义就是实现理想

10. 什么是真正的朋友？(Каким должен быть настоящий друг?)

Каким должен быть настоящий друг?

✽[写作要点](1)点明真正的朋友具有助人为乐的精神,进一步阐述能像蜡烛一样为别人做出牺牲;(2)真正的朋友首先是个真正的人。

В настоящее время мы часто слышим такие слова, что сейчас трудно найти настоящего друга. И некоторые люди страдают от этого. Но они редко думают над тем, каким должен быть настоящий друг, как стать другом другого человека.

По-моему, друг — это тот, кто помогает тебе в трудное время, даёт тебе хорошие советы, и если нужно, может отдать всё за дружбу. Друг не обманет и не предаст. В тяжёлую минуту подставит тебе своё плечо. В холод и голод поделится последним. Имея рядом друга, ты учишься принимать близко к своему сердцу чужие радости и горести. Рядом с настоящим другом ты сам становишься духовно чище, выше. И другом можешь стать только тогда, когда станешь человеком.

Хочешь стать человеком? Старайся увидеть себя глазами людей и оправдай их ожидания. Человеком является тот, кто ради другого человека, знакомого или незнакомого, горит, как свеча. Иногда мне кажется, что дневной свет потому и существует, что большинство людей сгорает друг для друга.

Так будь надеждой для любого человека, для каждого, кто рядом с тобой. Тогда и другие увидят в тебе своего настоящего друга и ты легко найдёшь себе друга.

СЛОВА И ВЫРАЖЕНИЯ

(1) страдать от (чего) 因……而痛苦
(2) помогать (кому) выйти из трудного положения 帮助……摆脱困境
(3) дать (кому) хорошие советы 给……出好主意
(4) прийти (кому) на помощь в трудные минуты 在困难时刻帮助……
(5) отдать всё за дружбу 为友谊奉献一切
(6) стараться увидеть себя глазами людей 力争借别人的眼睛来看清自己
(7) оправдать ожидания людей 不辜负人们的期待
(8) не оставить друга в беде 不抛弃患难中的朋友
(9) неравнодушен (-шна) к (чему) 对……不持漠不关心的态度
(10) не обманывать друг друга 不互相欺骗
(11) обмениваться мыслями друг с другом 相互交流思想
(12) найти радость в общении с людьми 在与人们的交往中寻到快乐
(13) уметь дружить с окружающими людьми 善于与周围的人交朋友
(14) принимать близко к своему сердцу чужие радости и горести 把别人的欢乐和痛苦当做自己的欢乐和痛苦
(15) сгорать друг для друга 互相照亮
(16) верить друг другу 互相信任
(17) легко найти себе друга 容易找到自己的朋友
(18) подставить (кому) своё плечо 助……一臂之力
(19) в холод и голод поделиться (с кем) последним 在饥寒交迫时与……分享最后一点东西

11. 成功与失败 (Победа и поражение)

Победа и поражение

※ [写作要点] (1) 成功和失败不可分；(2) 失败是通向成功的必经之路。

В жизни победитель всегда нравится людям. Его награждают бурными аплодисментами, красивыми цветами и хвалебными словами. А побеждённого — насмешкой (嘲笑) и иронией (讽刺). Люди не принимают поражения. На самом же деле, победа и поражение тесно связаны между собой, они неразделимы.

Человечество всегда проходило долгий и тяжелый путь, прежде чем сделать какое-то великое открытие, достичь успехов в чём-либо. Каждое поражение представляет собой отрицание ошибки. Учась на ошибках, человек искал дорогу к победе. Можно сказать, что победа – это сумма поражений. Поражение служит элементом победы, маленькой победой. Когда люди хвалили одного французского учёного за его талант, он отвечал, что он никого не превзошёл, просто "удачно стоял на плечах гигантов". В его глазах все они, ученые-предшественники, победители и побеждённые, — гиганты. Он на основе их работ добился успехов. Он великий человек, потому что он ценил не только победителя, но и побеждённого.

Победа, конечно, играет важную роль в движении вперёд. А поражение — это мать успеха. Следовательно, победа и поражение одинаково важны для развития человечества.

СЛОВА И ВЫРАЖЕНИЯ

(1) Жизнь прожить — не поле перейти. 生活不是件容易的事。
(2) идти навстречу трудностям 迎着困难前进
(3) судьба (кому) улыбается…… 运气好
(4) на мой взгляд 在我看来
(5) извлекать опыт и урок из поражения 从失败中吸取经验教训
(6) От каждой неудачи человек делается умнее. 吃一堑，长一智。
(7) способный стерпеть все трудности 能忍受一切困难
(8) стать крепким, выносливым 成为身体结实有耐力的人
(9) Человеку нужны испытания. 人需要磨练。

(10) Победа приносит нам радость. 成功给我们带来喜悦。

(11) Успех требует жертв. 成功需要有牺牲精神。

(12) Успех — это талант и трудолюбие. 成功等于天才加勤奋。

12. 感想 (Впечатление)

Впечатление о выставке продукции лёгкой промышленности

✻ [写作要点]感想是由接触外界事物而引起的思想反应,它可以反映作者的认识和感受,是作者内心深处的独白。(1)应简要介绍事实经过;(2)或见景生情,或从对个别事物的认识中总结对总体事物的看法;或抒发自己的感受,使读者从局部了解全局。

Вчера мы с ребятами были на выставке продукции лёгкой промышленности. Эта выставка произвела на меня глубокое впечатление. На ней представлены различные образцы продукции: ткани, шелка, часы, телевизоры, пылесосы, холодильники, стиральные машины и другие товары народного потребления. Многочисленные экспонаты, графики, фотографии убедительно говорят о быстром развитии нашей лёгкой промышленности.

Тут мы вспоминали о прошлом. 20 лет тому назад. Тогда люди одевались только в чёрное, синее платье. Холодильники, стиральные машины были редкостью. А теперь эти вещи всё больше и больше входят в наш быт. И жизнь народа становится всё лучше и лучше. Люди красиво и модно одеваются. А всё это произошло только за последние годы.

Сейчас наш народ под правильным руководством КПК с большим энтузиазмом трудится и добивается больших успехов в разных областях народного хозяйства. А наша лёгкая промышленность, как всё народное хозяйство, получила быстрое развитие.

Наша страна быстрыми шагами идёт по пути модернизации.

Впечатление от прочитанной книги «Как закалялась сталь»

✻ [写作要点](1)点出所读书的书名、作者和关键评价;(2)简要介绍该书的主要内容;(3)谈自己的读后感、从中获得的教益。

Прочитав раман "Как закалялась сталь", написанный советским писателем Н. Островским, я получил много полезного. Я преклоняюсь перед силой духа и железной волей Павла. Когда мне встречаются трудности, передо мной встаёт великий образ Павла Корчагина.

Павел Корчагин всю жизнь много страдал. Он подростком(少年) ушёл на гражданскую войну воевать за власть Советов, участвовал в железной схватке с врагом. Он был несколько раз тяжело ранен, чудом остался жив. А после войны он стал комсомольским работником. В 25 лет Павел Корчагин тяжело заболел — в результате ранений он был слаб физически, иногда всё тело его отказывалось двигаться, затем он был полностью парализован и потерял зрение. Но это не сломило его, он нашёл в себе силы продолжать активную жизнь — стал писателем и написал книгу о своей молодости. Он с новым оружием возвратился в строй и к жизни.

Павел блестяще прожил свою короткую жизнь. Он служит примером для нашей молодёжи. Мы должны учиться у него непоколебимому духу, учиться у него преданности партии и любви к жизни.

Павел достоин уважения и любви. Мы, современные студенты, должны стараться быть таким же как Павел, чтобы нам "не было мучительно больно за бесцельно прожитые годы, вспоминая прошлое".

СЛОВА И ВЫРАЖЕНИЯ

(1) открыта выставка промышленной продукции 工业产品展览会开幕
(2) открылась выставка достижений науки и техники 科(学)技(术)成就展览会开幕了
(3) организована выставка достижений сельского хозяйства 举办农业成就展览会
(4) устроена выставка одежды 举办时装展览会
(5) посетить выставку книг 参观书(籍)展(览会)
(6) осмотреть выставку прикладного искусства 参观工艺美术展览会
(7) посмотреть выставку одежды 观看服装展览会
(8) быть на выставке электроприборов 参观了电器展览会
(9) побывать на выставке железнодорожного транспорта 去观看了铁路交通展览会
(10) меня больше всего интересуют успехи в области транспорта 我对交通领域所取得的成就最感兴趣

(11) на выставке знакомят (кого) с достижениями в электрификации страны 在展览会上使……了解国家在电气化领域所取得的成就

(12) на выставке выставлены крупные станки и оборудование 在展览会上展出了大型车床及设备

(13) на выставке представлено всё лучшее, что произвела наша лёгкая промышленность в последние годы 在展览会上展出了近些年我国轻工业所生产的所有最好产品

(14) познакомиться с планом выставки 了解展览会的平面图

(15) занимать большую площадь 占地面积很大

(16) в первую очередь осмотреть павильон лёгкой промышленности 首先观看轻工业展厅

(17) получить общее представление о развитии транспорта 对交通发展有大致的了解

(18) получить быстрое развитие 得到了快速发展

(19) значительно выросло производство важнейших видов продукции 重要产品的生产有了较大增长

(20) намного увеличился ассортимент продукции 产品品种大大增加了

(21) повысилось (улучшилось) качество 质量提高了

(22) наша страна быстрыми шагами идёт по пути модернизации 我国正沿着现代化的道路快步前进

(23) давать подробное объяснение 进行详细讲解

(24) убедительно говорить о достижениях нашей страны 有力地说明我国所取得的成就

(25) бросаться в глаза 引人注目

(26) больше всего привлекает внимание плетёная мебель 编制家俱最引人注意

(27) поразить (кого) разнообразием экспонатов 展品琳琅满目使……惊叹不已

(28) такого разнообразия экспонатов я никогда не видел (-ла) 我从来没有见过展品样数这么多

(29) входить в быт (被) 广泛使用 (成为日常用品)

(30) быть редкостью 很少见,稀有

(31) произвести на (кого) глубокое впечатление 给……留下深刻印象

(32) рассказывать о своих впечатлениях 讲述自己的观感

(33) обмениваться впечатлениями о выставке 交流对展览会的感想

（34）потрясти весь мир 震惊全世界

（35）общая национальная черта характера 民族性格的共同点

（36）особое впечатление на (кого) произвела книга 书给……留下深刻的印象

（37）(кого) поразила живость созданных писателем образов 作家创作的形象栩栩如生使……震惊

（38）замечательное описание природы 对大自然的精彩描述

（39）осветить людям путь к новой жизни 给人们照亮新的生活道路

（40）(что) обусловливает художественное своеобразие его произведений……决定了他的作品的艺术性与众不同

（41）У каждого героя своё лицо, одежда, привычки, возраст, социальное положение. 每个人物都有自己的长样、自己的服装、自己的习惯、自己的年龄和社会地位

（42）видеть очень разных людей, живущих на страницах повестей 在小说中看到了各种各样的人

（43）бесчисленное количество книг на свете 世上书籍无数

（44）получить положительные результаты 取得好的结果

（45）интересное чтение 有趣的读物

（46）Книга — это спутник человека в жизни. 书是人的终生伴侣。

（47）чтение книги имеет важное значение 读书有重要的意义

（48）ничего не сделать, ничего не добиться в жизни 一生中什么都不做, 就什么成就都没有

（49）весёлый человек 很乐观的人

（50）духовное богатство 精神财富

（51）грамотный человек 有文化的人

（52）обнаруживается свой собственный стиль 表现出自己的独特风格

（53）очень своевременно эти вопросы поставлены в повести 在小说中非常及时地提出了这些问题

（54）особое место занимают сказки 故事占有重要位置

（55）подробное описание действующих лиц 对人物的详细描写

（56）отражает первоначальный замысел автора 反映了作家的最初意图

（57）события в романе относятся к периоду (чего) 小说中的事件发生在……时期

（58）Роман ставит перед читателем ряд спорных вопросов. 小说向读者提出 了

一系列争议性的问题。

(59) Жизнь книги почти так же коротка, как и жизнь человека. 书的寿命就是人的寿命一样短暂。

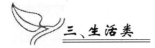 三、生活类

1. 爱好（Увлечение）

Увлечения и их роль в жизни человека

[写作要点]（1）爱好是什么，从什么时候开始产生这种爱好的；（2）这种爱好给学习、工作和生活带来什么影响，从中得到什么；（3）如何对待这种爱好，应使它在生活中处于什么样的位置。

В течение жизни человек редко занимается только одним делом, пусть даже очень важным. Он ощущает потребность в дополнительных занятиях. Это реакция мыслящего человека на окружающий мир, это способность сохранить любознательность, острый взгляд на жизнь, который заложен в ребёнке. Увлечение — это и отдых, и страсть, которой подвержены люди разных возрастов и профессий.

Известны ли вам случаи, когда из увлечения во время отдыха рождается что-то очень полезное людям? Приносят ли кому-нибудь пользу увлечения? Несомненно. Увлечения способствуют сближению людей разных профессий. Нередко люди объединяются в клубы по своим интересам. В таких клубах можно встретить и профессора, и рабочего, и студента, увлечённых одним занятием.

Среди увлечённых людей много собирателей. Девиз настоящего собирателя — побольше узнать о предмете своего увлечения. Маленькие открытия, которые делают эти люди, дают радость, приближающую их к радости творчества. Иногда результаты их повседневной, невидимой другим работы становятся интересными и важными для специалистов той или иной области знаний.

А чем вы увлекаетесь? Какого мнения вы об этом?

Увлечение и жизнь

Увлечение — это интерес человека к чему-нибудь или любовь к чему-нибудь. Оно представляет собой важную часть жизни человека. Основное содержание человеческой жизни составляют работа, учёба и увлечение.

Увлечение приносит человеку радость и пользу. Если человек любит музыку, у него весёлый характер, он легче общается с людьми. Если человек любит спорт, у него крепкое здоровье. Он будет долго жить. Если человек любит книги, у него обширные знания. Ему не трудно найти своё место в обществе.

Увлечение играет большую роль в развитии человека. Оно оказывает активное влияние на характер человека. Увлечение воспитывает в человеке вкус, делает его жизнерадостным и образованным.

Увлечение украшает и обогащает нашу жизнь. Оно делает нашу жизнь замечательной, наш духовный мир богатым.

Человек не робот, он не может всё время только работать. Без увлечения жизнь человека скучна, однообразна.

Ищите себе увлечение, друзья. Чем больше увлечений у человека, тем богаче его жизнь.

Моё увлечение

В каждом живёт страсть к собирательству. Любовь к филателии (集邮) — уж не такое редкое увлечение. Чаще всего, пожалуй, среди людей встречаются именно любители филателии. А филателия — это моё самое большое увлечение.

Филателией я начал заниматься в пионерском возрасте. Я собираю различные марки. Хотя это отнимает у меня много времени, но приносит большую пользу.

Коллекция марок расширила мой кругозор. Я узнал много нового, ознакомился с историей развития нашего общества, узнал много известных учёных, вождей, героев...

Сейчас я уже студент, но не бросил своё увлечение. В свободное время я продолжаю собирать марки. Теперь у меня довольно большая коллекция. Этой коллекцией не только любуюсь я, но и мои товарищи, и они тоже заинтересовались филателией. Мы организовали общество филателистов-любителей. Часто собираемся вместе, обмениваемся новой информацией, новыми марками. Наш общий интерес к филателии ещё больше объединяет нас. Это увлечение приносит нам большое удовольствие.

Моё увлечение

Я строитель, работаю преподавателем в профессионально-техническом училище. В свободное время я люблю собирать и читать книги. Это моё увлечение. Я собираю книги по искусству и по специальности. Особенно я люблю часами проводить время в букинистических (古旧书的) магазинах. Среди старых книг обязательно найдёшь что-нибудь особенное, редкое. Продавцы в этих магазинах уже давно знают меня и знают о моём увлечении. Поэтому они часто оставляют для меня интересные книги. Теперь у меня дома можно увидеть прекрасную домашнюю библиотеку с интересными и редкими книгами, и я охотно их читаю.

Чтение книг приносит мне большую пользу и радость. По специальным книгам я приобретаю знания, необходимые для работы. Книги писателей и поэтов учат меня шире мыслить, глубже чувствовать, острее понимать окружающий мир людей и вещей. Книги воспитывают чувства, учат меня великому искусству быть человеком.

Теперь трудно представить мою жизнь без книг. Книга уже стала моим верным спутником и надёжным помощником в учёбе, отдыхе. Как Горький сказал: "Книга — это хороший сад, где всё есть: и приятное, и полезное. Любите книгу — источник знаний!"

Моё свободное время

У каждого человека немало свободного времени. И каждый человек стремится заполнить своё свободное время любимым делом.

Большую часть свободного времени я посвящаю чтению книг, так как студенческие годы — это время интенсивного накопления знаний, необходимых на протяжении всей жизни. Надо спешить учиться.

В выходной день я почти весь день сижу над книгами в аудитории. В субботу я обычно повторяю пройденные уроки, чтобы крепко запомнить всё, что дали на занятиях. В воскресенье я читаю новый материал, чтобы хорошо понимать преподавателей во время занятий. Учёба дается мне легко, потому что я прилагаю к этому много усилий. У меня успеваемость хорошая.

В свободное время, когда устаю от учёбы, я просматриваю газеты, читаю романы или гуляю.

 Мне нравится пользоваться сетью Интернет. В свободное время иногда я включаю компьютер и читаю новости, разговариваю с кем-нибудь, или изучаю что-нибудь по своей специальности. Сидеть за дисплеем — это большое удовольствие для меня. Я получила из Интернета много того, чему нельзя научиться на занятиях.

 Я ещё очень люблю музыку, — это моё увлечение. Музыка может поднять настроение. Слушая музыку, можно избавиться от усталости. Поэтому в свободное время я часто слушаю музыку. Она приносит мне радость. Часто, слушая музыку, я делаю упражнения.

 Вот так я провожу своё свободное время с огромной пользой для себя.

СЛОВА И ВЫРАЖЕНИЯ

(1) редко заниматься только одним делом 很少只做一件事

(2) ощущать потребность в дополнительных занятиях 感到一种再做其它事情的需要

(3) захватывать (кого) целиком 吸引了……的全部精力

(4) считать увлечение основным (вторым) делом 认为爱好是主要(次要)事情

(5) увлечение сделало человека известным 爱好使人出了名

(6) помочь (кому) проявить свой талант 帮助……展示自己的才能

(7) люди разного возраста и разных профессий 不同年龄、不同职业的人们

(8) страсть к собирательству 收集癖

(9) заниматься собирательством 从事收集活动

(10) собирать книги по искусству, по специальности 收集艺术方面、专业方面的书籍

(11) без книг трудно представить себе жизнь 没有书很难想像生活会是什么样子

(12) интересоваться театром 对戏剧感兴趣

(13) особенно любить ходить на премьеры 特别喜欢去看首映剧

(14) особенно увлекаться туризмом 对旅游特别着迷

(15) любить природу 热爱大自然

(16) очень распространённое увлечение 很普遍的爱好

(17) начать собирать свою коллекцию в студенческие годы 在大学时代开始收集自己的收藏品

（18）домашние библиотеки 家庭图书馆

（19）коллекционирование приносит (кому) радость 收藏给……带来快乐

（20）украшать жизнь 美化生活

（21）расширить кругозор 扩宽视野

（22）приобрести знания 获得知识

（23）приносить большую пользу обществу 给社会带来巨大好处

（24）доставлять (приносить) большое удовольствие 带来巨大快乐

（25）верный друг и надёжный помощник 忠实的朋友和可靠的助手

（26）отнимать много времени 占去许多时间

（27）отдать всё свободное время своей коллекции 把所有空闲时间都用在收藏品上

（28）охотно показать (кому) свою коллекцию 很高兴把自己的收藏品拿给……看

（29）много рассказать о своей коллекции 对自己的收藏品讲了许多

（30）служить людям 为人们服务

（31）способствовать сближению людей 促使人们接近

（32）объединяться в клубы по интересам 按兴趣结成俱乐部

（33）общество филателистов-любителей 集邮爱好者协会

（34）обмениваться информацией 交换(交流)信息

（35）букинистический магазин 旧书店

（36）оставить для (кого) книгу 为……留书

（37）менять свой характер 改变自己的性格

（38）такое бывает с каждым человеком 这种情况每个人都有过

（39）радостное настроение 好情绪

（40）увлечение своей работой 酷爱工作

（41）жизненная позиция 生活态度

（42）безграничная любовь ко всему: к человеку, к природе, к Родине, к животным 对一切都充满爱：爱人、爱大自然、爱祖国、爱动物

（43）начать новую жизнь 开始新的生活

（44）терять время даром 白白浪费时间

（45）Поэзия — это музыка, волнующая душу. 诗是使人激动的音乐

（46）экскурсия по городу 参观城市

（47）увлекаться чтением 酷爱读书

（48）тратить время на (что) 将时间用在……上

（49）посещать друзьей 看朋友

（50）идти к (кому) в гости 到……去坐客

（51）убирать комнату 打扫房间

（52）отдыхать на природе 在户外休息

（53）в своё удовольствие делать (что) 尽情地做……

（54）жить в своё удовольствие 愉快地生活

（55）гулять по лесу 在林中散步

2. 节日(Праздник)

Праздник Весны(1)

※[**写作要点**]（1）以春节为例，介绍春节在我们国家是一个什么样的节日，什么时候过春节；（2）人们在节日前都做哪些准备工作；（3）人们是如何度过春节的。

  Праздник всегда приносит в дом радость и оживление. Праздник — это возможность встретиться, провести вместе веселое время, отдохнуть от житейских забот. Особенно люди любят народные праздники, праздники, которые пришли из глубины веков. Они отражают древние обычаи народа, несут национальный колорит(色彩). Самым популярным народным праздником в Китае издавна был Праздник Весны — Новый год по лунному календарю.

  Перед праздником в каждом доме проводится тщательная уборка. Комнаты украшены цветами и разноцветными лампочками. Всюду чувствуется праздник.

  Вечером, в канун праздника, вся семья собирается вместе. Заранее лепят традиционные праздничные пельмени(饺子) и смотрят по телевизору новогодние номера. За несколько секунд до 12 часов на экране появляется изображение часов. Ровно в 12 часов бьют новогодние куранты. Люди поздравляют друг друга с Новым годом, едят новогодние пельмени.

  А на следующий день с утра начинаются визиты к родственникам и друзьям. Люди поздравляют друг друга с праздником, желают счастья и удачи в жизни.

  Праздник продолжается несколько дней. Окончательно завершается он 15 января по старому стилю Праздником фонарей. В этот день во многих городах устраивают выставки фонарей. Но где бы вы ни были, всюду вам будет весело и интересно.

Праздник Весны (2)

Китайский Новый Год, также известный как "Чуньцзе" (Праздник весны) или Лунный Новый Год. Это самый почитаемый и продолжительный праздник в этой стране: он отмечается в течение пятнадцати дней, в Китае это официальные выходные. Дата Праздника весны — "плавающая", так как определяется по лунному китайскому календарю и меняется из года в год.

Каждый новый год ассоциируется с одним из двенадцати животных зодиакального китайского календаря, среди которых: крыса, бык, тигр, кролик, дракон и прочие. Каждому году приписывается один из пяти основных элементов китайского гороскопа: металл, вода, дерево, огонь и земля.

За несколько дней до Праздника весны китайцы обычно делают дома генеральную уборку, старые и ненужные вещи выбрасывают. Здесь верят, что такой обряд очищает жилище от всех неурядиц старого года и приманивает удачу. Перед наступлением праздника считается обязательным купить новую одежду, сделать стрижку, рассчитаться с долгами.

Самой важной традицией считается воссоединение семьи для торжественного ужина, когда все её члены, живущие в других городах и странах, возвращаются домой. К праздничному столу подаются блюда из утки, курицы, свиньи, пельмени, кондитерские изделия. В новогоднюю ночь взрывают фейерверки и петарды. На следующий день после Праздника весны принято навещать пожилых родственников и соседей. Дети поздравляют родителей, а родители вручают подарок — деньги в красных конвертах. Во многих домах жгут бамбуковые палочки, чтобы дым отгонял злых духов.

СЛОВА И ВЫРАЖЕНИЯ

(1) самый большой и весёлый (самый популярный) праздник в Китае 中国最盛大、最快乐(最为普遍庆祝)的节日
(2) этот праздник приходится на январь или февраль 这个节日赶在一月或二月
(3) перед праздником (в канун праздника) 节日前(夕)
(4) в последние предпраздничные дни 节日前几天

(5) на календаре остаётся последний листочек старого года 在日历上只剩下了旧的一年中的最后一天了

(6) делать новогодние покупки 进行新年采购

(7) провести тщательную уборку помещения 仔细打扫居室

(8) вывешивать новогодние картинки 挂年画

(9) украшать жилище живыми цветами 用鲜花装饰住屋

(10) наклеивать на окна красивые вырезки из бумаги 贴纸剪窗花

(11) вешать на ворота красные фонари 大门上挂上红灯笼

(12) комнаты украшены разноцветными лампочками 房间用彩灯装饰

(13) встречать праздник Весны в кругу своей семьи 家里人一起迎新年

(14) вся семья собирается вместе 全家人聚到一起

(15) лепить новогодние пельмени 包新年饺子

(16) в ночь на 1 января по старому стилю собираться за праздничным столом 在除夕夜按古老方式聚集在节日的餐桌旁

(17) есть новогодние пельмени 吃年饺子

(18) начинать визиты к родственикам и друзьям 开始拜访亲人、朋友

(19) делать друг другу подарки 互赠礼物

(20) поздравлять (кого) с праздником 祝贺……节日好

(21) желать счастья и удачи в новом году 祝新的一年幸福、顺利

(22) Праздник Весны длится (продолжается) около двадцати дней 春节持续大约二十天

(23) праздник заканчивается Праздником фонарей 节日以灯节收尾

(24) устроить выставки фонарей 举办灯展

(25) отмечать (праздновать) Новый год 庆祝新年

(26) провожая старый год, встречая новый 辞旧(岁)迎新(年)

(27) прийти из глубины веков 来自远古时代

(28) древние обычаи народа 民族的古老习俗

(29) национальный колорит 民族风味

3. 音乐(Музыка)

Нам нужна музыка

❋ [写作要点] (1) 音乐在人们的生活中所占的重要位置; (2) 音乐在生活

中所起的作用；(3) 音乐对作者本人所起的作用、所占位置、所产生的影响。

    Я думаю, что невозможно представить себе нашу жизнь без музыки. Мы сталкиваемся с ней почти везде и всегда: на концерте, в театре, дома...

    По-моему, музыка — это самое высокое искусство, потому что она гармонична с нашей душой. Она успокаивает нас, приносит нам хорошее настроение. Музыка не только дарит нам радость, но и воспитывает нас. Музыка играет большую роль в жизни человека, она помогает человеку в труде и отдыхе, делает жизнь человека интересной, поэтому нам всегда нужна музыка. Обычно у людей бывают разные пристрастия к музыке. Иногда встречаются диаметрально (截然) противоположные мнения. Некоторые не признают никакой современной музыки. Для них классика является истинным искусством. Другие, наоборот, не понимают, как можно любить музыку Стравинского, Бетховена, Гайдна. А я считаю, что нельзя противопоставлять классику и эстраду (文娱演出), т. к. любая настоящая музыка служит одной цели — духовному обогащению человека.

    Я люблю музыку, классическую и современную. Когда мне скучно, я слушаю Бетховена, Моцарта или популярные современные песни. Пусть музыка всегда сопровождает нас в жизни.

СЛОВА И ВЫРАЖЕНИЯ

(1) занимать большое место в нашей жизни 在我们的生活中占有重要位置

(2) играть большую роль в нашей жизни 在我们的生活中起着重大作用

(3) невозможно представить себе нашу жизнь без музыки 如果没有音乐不能想像我们的生活会是什么样

(4) везде и всюду сталкиваться с музыкой (музыка звучит повсюду) 到处可接触(听)到音乐

(5) ни один праздник не обходится без музыки 任何一个节日都离不开音乐

(6) петь и танцевать под музыку 在音乐的伴奏下唱歌、跳舞

(7) сила воздействия музыки очень велика 音乐的作用力是巨大的

(8) музыка гармонична с душой человека 音乐与人的心灵沟通

(9) создать хорошее настроение 创造良好的情绪

(10) приносить (кому) хорошее настроение 给……带来良好的情绪

(11) дарить (кому) радость 给……带来快乐

（12）заставить（кого）задуматься 迫使……思考

（13）помогать человеку в труде и отдыхе 帮助人们工作和休息

（14）с музыкой приятнее отдых и легче труд 有音乐伴随着休息会更愉快、工作会更轻松

（15）делать жизнь человека интересной 使人的生活变得有意思

（16）иметь разные пристрастия 有不同的偏爱（爱好）

（17）диаметрально противоположные мнения 截然对立的观点

（18）эстрадная музыка 舞台音乐

4. 体育运动（Физкультура и спорт）

Мой любимый вид спорта

✱[写作要点]（1）体育运动在当今社会处于什么样的位置；（2）你是否从事体育运动；你喜欢哪项体育运动；（3）从事体育运动给你带来哪些益处。

В наше время нельзя не увлекаться спортом, потому что спорт — это красота, сила, это радость, это жизнь. Чем выше культура человека, тем выше потребность его в физических упражнениях. Занятия спортом не только дополняют личность человека, но и способствуют его более полному раскрытию, умственной деятельности. Любой вид спорта может принести человеку радость, здоровье. Но все же каждый человек стремится выбрать тот вид спорта, который наиболее подходит его физическим возможностям, приносит наибольшее удовлетворение. Я хочу рассказать вам о моём любимом виде спорта.

На свете существует много видов спорта, но мне больше всего нравится бег. Я каждый день занимаюсь бегом, который помогает мне воспитывать волю, характер, стать сильным человеком. Я заметил, чем активнее я тренируюсь, тем лучше у меня результаты в учёбе.

Конечно, я люблю и другие виды спорта. Я часто играю в баскетбол, футбол и волейбол. Но я никогда не расстаюсь с бегом, который даёт мне уверенность в себе и здоровье.

Спорт и здоровье

Спорт — это здоровье. Спорт может сделать человека здоровым, бодрым, энергичным, жизнерадостным. Люди часто относятся к своему здоровью, мягко говоря, безответственно. А ведь если вы привыкнете начинать свой день с зарядки, то хорошее самочувствие на весь день вам обеспечено. Давно уже доказано: чаще бо́леют люди физически неактивные. Значит, если хотите быть здоровыми, больше двигайтесь, тренируйте физически своё тело. Нужно только проявить волю. Люди, которые занимаются спортом, на долгие годы сохраняют высокую работоспособность, остроту мышления и творческую активность.

С детства я был слабым, часто болел и не любил заниматься спортом. Однажды к нам в гости пришёл дядя Лю. Ему уже за 50 лет, но он чувствует себя прекрасно, никогда не болеет. Дядя Лю — любитель спорта: часто плавает, играет в волейбол, катается на коньках. Он любит повторять слова: "В здоровом теле — здоровый дух".

После того, как я познакомился с дядей Лю, я тоже начал заниматься спортом. Каждое утро я рано встаю, делаю зарядку, бегаю во дворе. Летом я часто плаваю в реке, а зимой катаюсь на коньках. И здоровье у меня становится всё крепче и крепче, редко болею.

Сейчас я баскетболист, часто выступаю за институтскую команду. Я понял, что самое хорошее лекарство — спорт, что каждый человек должен им заниматься.

СЛОВА И ВЫРАЖЕНИЯ

(1) Спорт уже вошёл в жизнь человека. 体育已进入人们的生活。
(2) Спорт стал общественным явлением. 体育已成为一种社会现象。
(3) начать заниматься спортом под влиянием (кого) 在……的影响下开始从事体育运动
(4) много заниматься спортом 经常从事体育运动
(5) особенно увлекаться плаванием 特别喜爱游泳 (对游泳特别入迷)
(6) больше всего любить плавание 最喜欢游泳
(7) больше всего нравится бег 最喜欢跑
(8) большой любитель этого вида спорта 这项体育运动的爱好者
(9) летом плавать в реке 夏天在河里游泳
(10) зимой кататься на коньках, на лыжах 冬天滑冰、滑雪
(11) смотреть спортивные передачи по телевизору 看电视转播的体育节目
(12) не пропускать ни одного футбольного матча 不错过任何一场足球赛
(13) часто ходить на стадион 经常去体育场

(14) начать свой день с физкультурной зарядки 一天从做体操开始
(15) сделать человека здоровым, энергичным, жизнерадостным 使人变得健康, 精力充沛, 乐观愉快
(16) чувствовать себя прекрасно 自我感觉极好
(17) чувсвовать в себе прилив энергии 感觉自己精力充沛
(18) дать (кому) здоровье и уверенность в себе 给……健康和自信
(19) закалять не только тело, но и характер 不仅锻炼身体, 而且陶冶性格
(20) воспитать волю, характер 锻炼毅力, 陶冶性格
(21) считать физкультуру эффективнейшим средством в борьбе за здоровье человека 认为体育是争取人类健康斗争中最有效的手段
(22) лечить болезнь лекарствами 用药物治疗疾病
(23) физкультура предупреждает болезни 体育预防疾病
(24) Лучше один раз увидеть, чем много раз услышать. 百闻不如一见。
(25) В здоровом теле — здоровый дух. 健康的精神寓于健康的体魄。
(26) потребность в физических упражнениях 对体育活动的需求
(27) способствовать более полному раскрытию 有助于更加充分地展示(自己)
(28) подходить физическим возможностям 适合身体的状况
(29) приносить удовлетворение 带来满足
(30) хорошее самочувствие 良好的自我感觉
(31) проявить волю 表现出意志力
(32) сохранить работоспособность, творческую активность, остроту мышления 保持工作能力、创造的积极性和思维的敏锐

5. 爱护自己的身体 (Беречь своё здоровье)

Береги своё здоровье

※ [**写作要点**] (1) 保持健康的目的和意义; (2) 保持健康的途径和方法; (3) 保持健康可以达到长寿的效果。

Всем известно, здоровье — это бесценный дар природы, он имеет большое значение для жизни человека. Здоровье приносит нам радость, создаёт хорошее настроение, делает человека бодрым, энергичным и жизнерадостным. Сберечь его — обязанность каждого!

Но как сохранять своё здоровье?

Во-первых, надо строго соблюдать правильный режим дня. Ведь режим дня — один из основных моментов здорового образа жизни, так как здоровье зависит от приспособления к режиму и условиям, а нарушение режима ведёт к расстройству здоровья. Правильное чередование труда и отдыха, строго ритмичный образ жизни — одно из важнейших условий здоровья и долголетия.

Во-вторых, надо регулярно заниматься спортом. Верно говорят: "В здоровом теле — здоровый дух!" Чем больше человек тренируется, тем крепче становится его здоровье. Спорт даёт человеку не только здоровье, но и уверенность в себе.

Желая сохранить здоровье, каждый должен стараться воспитывать в себе ровность характера, относиться более или менее спокойно ко всем постигающим (遭遇) его огорчениям, что достигается постоянной борьбой со всеми своими слабостями духа... чистотою помыслов, правильностью поступков. Только так поступая, человек может меньше подвергаться заболеваниям и иметь большую продолжительность жизни.

СЛОВА И ВЫРАЖЕНИЯ

(1) бесценный дар природы 自然界所赋予的无价之宝
(2) иметь большое значение 有着重大意义
(3) приносить (кому) радость 给……带来欢乐
(4) создать хорошее настроение 创造良好情绪
(5) делать человека бодрым, энергичным, жизнерадостным 使人富有朝气,精力充沛,乐观愉快
(6) приятно чувствовать себя бодрым (-ой), весёлым (-ой) 感觉自己精力充沛心情愉快是很令人高兴的事情
(7) активное долголетие 积极地去争取长寿
(8) иметь здоровую старость 有一个健康的晚年
(9) помогать быстрее восстановить силы 有助于更快地恢复体力
(10) соблюдать правильный режим дня 遵守正确的作息时间
(11) чётко определить время труда, отдыха и сна, приёма пищи 明确规定工作时间、休息时间、吃饭时间
(12) зависеть от приспособления к режиму и условиям 取决于对作息时间和各种条件的适应

(13) нарушить режим дня 破坏作息制度

(14) вести к расстройству здоровья 导致损害健康

(15) регулярно заниматься спортом 有规律地从事体育锻炼

(16) закалять тело и волю 锻炼体能和意志

(17) меньше подвергаться заболеваниям 少患各种疾病

(18) иметь большую продолжительность жизни 长寿

(19) воспитывать в себе ровность характера 培养自己性格稳重

(20) относиться спокойно к огорчениям 平静地对待伤心事

(21) постоянная борьба со своими слабостями духа 不断与自己精神上的弱点进行斗争

(22) борьба с чистотою помыслов 力求思想纯洁

6. 爱惜时间（Беречь время）

Берегите время

❋[写作要点]（1）时间对每个人都是有限的,要节约时间;（2）正确利用时间的各种途径;（3）让时间过得更有意义。

Время — величайшая ценность. Надо уметь его экономить. Это значит использовать его умело и целесообразно. Правильно распоряжаться временем — это умение, которым обладает не каждый. Большинство людей страдает от нехватки времени. Всё бы рад узнать, сделать, постигнуть, да вот беда — нет свободного времени!

Вот несколько рекомендаций для тех, кто хочет научиться экономить время.

Когда вы принимаетесь за дело, старайтесь возможно точнее наметить его цель.

Определив главную задачу, сосредоточивайте на её решении всю энергию, все душевные силы. Если главных задач несколько, всё равно не разбрасывайтесь. Сначала беритесь за дело номер один и, только доведя его до конца, переключайтесь на второе, а потом на третье.

Каждой работе устанавливайте срок, заставляя себя строго укладываться в этот срок.

Никогда не говорите: «постараюсь... попробую..., если сумею...», зная что выполнить то или иное дело вы не можете. Сказав «да», не отступайте. Если «нет», то говорите решительно и твёрдо.

Надеясь на память, не отказывайтесь от записной книжки, рабочего блокнота.

Внимательно слушайте собеседника. Это избавит вас от переспрашиваний и многих ошибок. Исправляя ошибки, вы теряете время. Ищите резервы свободного времени. Поставив кипятить чайник, займитесь физзарядкой. В метро можно прочитать страниц 20...

Не стесняйтесь говорить «я занят», если вы действительно заняты в этот момент. Даже самые лучшие друзья не должны распоряжаться вашим временем.

Время — это жизнь

❉[写作要点](1)时间一去不复返;(2)抓紧生活,应像珍惜生命一样珍惜时间;(3)我们应该分秒必争。

Мы часто говорим, что время быстро летит. Действительно, прошедшее время никто не вернёт. Единственное, что мы можем делать, это — беречь его, как жизнь.

Мне нравятся слова Павла Корчагина: "...надо спешить жить. Ведь нелепая болезнь или какая-нибудь трагическая(悲惨的) случайность могут прервать её (жизнь)." Жизнь даётся нам только один раз, мы не можем узнать, сколько времени наша жизнь продлится. Мы хотим добиться очень многого в жизни, поэтому, чтобы продлить жизнь, необходимо спешить жить, то есть беречь время. Ценность жизни состоит не в её продолжительности, а в том, что человек сделал для других, для общества. Хотя Пушкин и Лермотов прошли короткий жизненный путь, они оставили нам вечные произведения.

Для нас каждая секунда и каждая минута дороги, потому что они не повторятся. Надо, чтобы они не пропали даром. Кто временем не дорожит, тот всегда в убытке. Беречь время — это значит беречь жизнь.

СЛОВА И ВЫРАЖЕНИЯ

(1) цена времени 时间的价值
(2) Время дороже золота, на золото не купить и крупицы времени. 一寸光阴一

寸金,寸金难买寸光阴。

(3) Время летит как стрела. 光阴似箭。

(4) рационально использовать время 合理地利用时间

(5) найти время читать книгу 找到时间读书

(6) сократить время 缩短时间

(7) жаловаться на недостаток времени 抱怨时间不够用

(8) зря тратить время 随便浪费时间

(9) ведётся активная борьба (вести активную борьбу) за сэкономленные минуты и секуды времени 努力争取每一分每一秒

(10) повышать эффективность работы 提高工作效率

(11) заполнять время полезными делами 让时间过得充实

(12) усовершенствовать метод учёбы 改进学习方法

(13) (кому) не сидится дома... 在家呆不住

(14) у (кого) много времени уходит на изучение этой проблемы... 用很多时间研究这个问题

(15) не успеть и глазом моргнуть, как прошло много времени 眼睛都没来得及眨一下就过去了很多时间

(16) Время никого не ждёт. 时不我待。

(17) Что можно сделать сегодня, не откладывайте на завтра. 今日事,今日毕。

(18) Кто в молодости не прилежен, тот будет каяться в старости. 少壮不努力,老大图伤悲。

(19) Было бы желание, время найдётся. 只要肯努力,就能找到时间。

(20) Кто не умеет отдыхать, тот не умеет работать. 不会休息就不会工作。

(21) величайшая ценность 极其珍贵的东西

(22) правильно распоряжаться временем 正确支配时间

7. 毕业后做什么(Что вы будете делать после окончания университета?)

Что вы будете делать после окончания университета?

※ [写作要点](1)简单介绍自己的专业和毕业时间;(2)介绍自己毕业后的主要打算和去向;(3)现今还应该怎么做,为今后做准备。

Я студентка второго курса. Моя специальность — это компьютерщик-программист. Это очень модная профессия.

Через два года я окончу университет. После окончания университета я не буду работать в администрации или на совместном предприятии, а хочу быть предпринимателем. Я люблю красивую одежду, особенно модную женскую одежду. Я собираюсь открыть свою фабрику, где будет производиться качественная, красивая и дешёвая одежда. Я сама буду проектировать фасоны одежды на компьютере, а потом рабочие сошьют одежду по моим чертежам. Я буду старательно работать, чтобы девушкам понравилась моя продукция. Я буду красиво одеваться сама и одевать красиво других девушек.

Я знаю, что для достижения этой цели от меня много потребуется. Пока я учусь в университете, надо особенно стараться. Сегодняшняя учёба — это подготовка к будущей победе.

Окончание университета на значит конец обучения. Это просто начало новой жизни. Чтобы выиграть в жизни, мне нужно постоянно пополнять и обновлять свои знания. Они являются основой успеха в любом деле для человека.

Я уверена в своём будущем. Победа будет за мной.

СЛОВА И ВЫРАЖЕНИЯ

(1) (кому) приходится немало учиться……得多学习
(2) иметь фундаментальную общетеоретическую подготовку 有基础理论知识
(3) более эффективно работать в своей области 卓有成效地在自己从事的领域工作
(4) повышать уровень квалификации 提高技术水平
(5) коммерческие операции 商业业务
(6) современные научные знания 现代科学知识
(7) профессиональные знания 专业知识
(8) прекрасное будущее нас ждёт 美好的未来在等待着我们

应用文【1】：书信

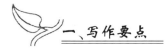

书信是人们互通信息,交流经验,增进友谊必不可少的工具,俄文书信有自己特有的民俗习惯,有固定的习语、句式和不同于一般文章写法的特殊格式。

书信在结构上分为三个各不相同的部分:信头、正文和结尾。

1. 信头

信头包括写信地点、日期、称呼、问候等,其行文格式如下:

(1)寄信地点和日期

а.地点和日期通常写在信纸的右上角(称呼的上一行),或信的结尾左下角(署名的下一行,顶格或缩进3－5个字母)。

б.地点可写在日期之前,也可写在日期之后。

в.日期包括年、月、日三部分。俄语中的习惯顺序为:日、月、年。

例如:1994年5月12日可写成12 мая 1994 года;12 мая 1994 г.;"12" мая 1994 г.;12.05.94;12.Ⅴ.94;等。

(2)称呼

а.对收信人的称呼通常单独占一行,俄文书信的称呼不能顶格写,应居中写,也可从该行左起第4或第6个字母写起。

б.称呼后写感叹号(！)。

(3)问候

问候是私人信件开头部分的一个重要内容。

问候语可以放在称呼之前,也可以放在称呼之后。

2. 正文

正文通常要另起一行,根据内容可适当分段,起段第一行要缩进3－5个字母开始写。

俄语是横写文字,两边要保持整齐,一个词在该行写不完时,可以移行。除遵守一般移行规则外,尚需注意下列各点:

(1)名和父称和略写不能与姓分开。如 И. М. Попов,不能把 И. М. 留在原行,把 Попов 移到下一行,反之也不行。

(2)完整的数字,如 4800;1995 等都不能移行。

(3)其他如№216,99% 等,不能把№、% 与数字 216、99 分开移行。

3. 结尾

信的结尾部分包括结尾语、署名、附言等。

(1)结尾语

结尾语常有:

На этом я кончаю(заканчиваю).

就写到这里,就此搁笔。

(Ну) Вот (пока) и всё.

(好)(暂时)就写这些。

Не забывай (-те) писать.

请别忘了给我写信。

До свидания!

再见!

(Крепко) целую.

吻你。

此外,还有敬意、友爱用语。此类用语一般写在告别语之后,署名之前,通常单独占一行缩进 3-5 个字母开始写,也可写在中间,甚至偏右边,靠近署名。

常用敬意语有:

С уважением (к Вам).

(向您)致敬;此致敬礼;敬上。

С (глубоким, искренним) уважением...

敬礼;致(深深的,诚挚的)敬意……

Уважающий Вас...

尊敬您的……

(2)署名

署名位于信的右下角,独占一行。

(3)附言

信写好后发现有遗漏时可补写在署名之后。但补充前面需加附言符号"P. S"字样,这是拉丁文"POST SCRIPTUM"的缩写,意思是"又及"、"再启"、"附言"。

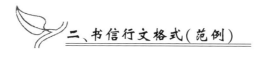

二、书信行文格式（范例）

1.
```
                                          (дата, место)
      (приветствие, обращение)!         (日期和地点)
        (问候语和称呼)!

      ............................................................
      ............................................................
      ............................................................
      ............................................................
      ............................................................

   (прощание; выражения, сопровождающие прощание)
        (告别语和表示告别的祝颂语)
                                          (подпись)
                                           (署名)
(P. S.) ......................................................
 (附言) ......................................................
```

2.

                （обращение）！
                （称呼）！

....
....
....
....

                                  （прощание）
                                  （告别语）

（дата）
（日期）   （подпись）
                                      （署名）

3.

                （обращение，приветствие）！
                （称呼和问候语）！

....
....

            （выражения，сопровождающие прощание）
                                  （подпись）
                              （дата，место）
                    （表示告别的祝颂语）
                                      （署名）
                            （日期和地点）

4.
```
(обращение, приветствие),  ····································
(称呼和问候语),  ····································
····································································
                                            (подпись)
                                            (дата)
                                            (署名)
                                            (日期)
```

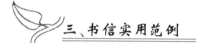

1. 模拟信件

Уважаемый преподаватель Ли!

С Новым годом! От всей души желаю Вам счастья, крепкого здоровья и успеха в работе!

Как быстро летит время! Уже прошло больше года, как я окончил институт. Я часто скучаю по Вас, по родному институту, по его высокому учебному корпусу, по просторной и светлой библиотеке и современному спортивному залу.

Я не могу забыть дорогую четырёхлетнюю студенческую жизнь и дружбу с товарищами. Я хорошо помню, как Вы всей душой учили и воспитывали нас, и никогда не забуду, как Вы заботились обо мне, как родная мать, когда я был болен. Всё это я так хорошо помню, как будто это было вчера.

А теперь о моей работе. Я не смог сразу освоиться в новой обстановке, когда меня назначили на работу. Люди и работа незнакомые. Поначалу я не в состоянии был самостоятельно работать как переводчик торговых переговоров. Я жалею, что не смог подольше учиться в институте, чтобы больше накопить знаний.

Теперь, перенимая опыт работы ветеранов-переводчиков, постепенно приспособляюсь как к работе, так и к обстановке. Надеюсь, что в недалёком будущем смогу самостоятельно переводить, хотя с некоторыми трудностями.

Да, хочу сказать Вам радостную весть. В октябре я ездил в командировку в Москву, куда я давно мечтал. Трудно словами выразить, как я был рад и возбуждён. Москва мне очень понравилась. Я побывал в Кремле, в храме Василия Блаженного, в Третьяковской галерее и в других достопримечательностях. Посланная Вам фотография была снята на Красной площади.

Как было бы хорошо посетить и другие известные места России!

Дорогой преподаватель Ли, как Ваши дела? Что нового в нашем институте? Мне очень хотелось бы узнать об этом. Надеюсь получить Ваше письмо, где Вы расскажете обо всём.

Ещё раз желаю Вам и Вашей семье счастья и здоровья!

Прошу передать преподавателю Чжану поздравление с Новым годом.

С уважением.

Гао Мин

P. S. Мы с Ян Лином договорились, что в следующем году посетим институт в связи с его юбилейной церемонией.

25. 12. 1994 г.

2. 模拟信件

Дорогие мама и папа!

Спешу вам сообщить приятную новость — я купила квартиру! Итак, наконец, моё желание осуществилось. Моя новая квартира просто чудо, как хороша! Дом, где я живу, находится за городом, в лесной зоне, так что проблема чистого воздуха решена! Окна моей квартиры выходят в берёзовую рощу. Вечерами я гуляю здесь и слушаю соловья. В моей квартире 2 комнаты, кухня, прихожая, санузел / раздельный /. Я уже купила кое-что из бытовой техники: холодильник, телевизор, пылесос, микроволновую печь, компьютер.

Мои соседи — очень приятные люди. Это пожилая супружеская чета. Они пенсионеры, но ещё очень бодрые и подвижные старички! Они меня часто приглашают на пироги и пельмени. Я, в свою очередь, тоже не остаюсь в долгу и приглашаю их на праздничный торт. Мы часто собираемся за праздничным столом, беседуем на разные темы, смотрим новости по телевизору, играем в настольные игры.

А недавно я познакомилась в театре с интересным молодым человеком. Он работает инженером на большом заводе. Я думаю, что скоро я его вам представлю.

Дорогие родители, как ваше здоровье? Я надеюсь, что у вас всё в порядке. Пишите мне.

Ваша дочь Анна.

08. 06. 2010г.

3. 信件实例

15 мая 2010г.

Здравствуй, милая Саша!

Привет из Иркутска!

Итак., послезавтра я сдаю последний экзамен, и наш студенческий стройотряд отправляется на Сахалин. Ты же знаешь, Сахалин — это остров на Дальнем Востоке. Я всегда мечтала там побывать, и вот, похоже, моя мечта осуществляется. Мы будем работать на рыбозаводе, разделывать рыбу и укладывать её в специальные упаковки. Работа, конечно, не очень романтичная, но зато какая романтика побывать на Сахалине! Это, я считаю, побывать на краю света!

Экзамены я сдаю успешно, потому что я долго и тщательно к ним готовилась. Каждый день я ходила в библиотеку, читала тексты на китайском языке, переводила их на русский язык. Кроме того, я регулярно посещала лингафонный кабинет, слушала записи на китайском языке. Я присутствовала на всех лекциях, поэтому мне легко сдавать экзамены.

Саша, не беспокойся обо мне, у меня всё в порядке. Как твоё здоровье? Как здоровье твоих родителей? Пусть больше гуляют на свежем воздухе, это полезно для здоровья.

Ну, пока, до свидания.

Люба.

4. 信件实例

Здравствуй, незнакомый друг!

Я Вам пишу, чего же боле?

Что я могу ещё сказать?

Я начинаю своё письмо к Вам, незнакомый друг, именно с этих вечных пушкинских строк.

Эти строки проходят через года, через века, и мы вновь и вновь повторяем их.

В наш холодный расчётливый век, век технического прогресса и освоения космоса, жизнь напоминает мне ледяную пустыню, а люди — бредущих по ней дикобразов. Они бредут по этой ледяной пустыне, им холодно, они жмутся друг к другу и колят друг друга своими иглами! Я имею ввиду, что люди часто не понимают друг друга, ссорятся по пустякам, не бывают добры по отношению к другому человеку. Мне бы хотелось изменить мир к лучшему.

Прошу прощения за пессимизм, который звучит в моём письме. В следующем моём письме я постараюсь быть более оптимистичной. Я надеюсь, что мы преодолеем ледяное пространство, разделяющее нас и когда-нибудь встретимся. И тогда жизнь засверкает для нас яркими красками! Спасибо, что прочитали моё письмо.

Пиши, не забывай. Жду ответа.

С дружеским приветом.

Незнакомка.

3.5. 2010г.

5. 信件实例

Дорогой друг!

Я был очень рад получить от тебя письмо из далёкого Китая!

Ты пишешь, что хочешь побольше узнать о России. И я с удовольствием расскажу тебе о моей стране. Когда я говорю о России, невольно на ум приходят поэтические строки:

Умом Россию не понять, аршином общим не измерить! Россия — это широкие просторы полей и пашен, это горы, это тайга и медведи, это реки и сказочно красивые озёра. Россия — это сверкающий под солнцем снег в сорокаградусный сибирский мороз, это берёзовые рощи и пение соловья! Россия — это русский характер, который сложно понять иностранцу. Российский пейзаж производит всегда большое впечатление на туристов. Я тебе советую непременно побывать на озере Байкал. Это самое глубокое озеро в мире, очень чистое и красивое. 336 рек впадает в Байкал, а вытекает одна река Ангара. За последние годы туристический бизнес получил развитие на Байкале. Туристы со всех стран мира прибывают на Байкал, чтобы полюбоваться прекрасным пейзажем. Да что там говорить! Приезжай, и ты увидишь Россию своими глазами.

С нетерпением жду твоего ответа

Твой русский друг Андрей

СЛОВА И ВЫРАЖЕНИЯ

(1) Получили твое письмо, будем с радостью ждать твоего приезда. 收到你的来信,大家高兴地恭候你的光临。

(2) Получил Ваше письмо, благодарю за внимание и добрые пожелания. 接到您的来信,谢谢您的关心和良好的祝愿。

(3) Получили Ваше письмо и искренно благодарим Вас за сердечное поздравление с Новым годом. 我们收到来信,对您的热烈祝贺新年表示衷心的感谢。

(4) Получив вчера твоё письмо, спешу тебе ответить. 昨天收到你的来信后,我急于给你回信。

(5) Как можно так долго молчать, ведь я уже написал тебе пять писем. 我不是已经给你写了五封信了吗,你怎能这么长时间不回信呢。

(6) С месяца на месяц откладывал ответить на Ваше письмо, разрешите выразить глубокое извинение. 拖了几个月才给您回信,请允许我向您深表歉意。

(7) Разрешите извиниться, что задержались с ответом. 因迟延回信深表歉意。

(8) Всё собиралась да и собиралась ответить тебе, но никак не могла оторваться от работы. 我一直打算给你回信,但是工作忙得脱不开身。

(9) Вот теперь сел наконец и взялся написать тебе подробное письмо о моей жизни, моих делах, моей семье. 我现在终于坐下来开始给你写一封关于我的生活、事业、家庭的信。

(10) Надо постараться скорее написать ответное письмо Николаю, а то он обидится. 应该尽快给尼古拉写封回信,不然他会抱怨的。

(11) Извините за молчание, но не могу объяснить Вам, отчего задержался с ответом. 请愿谅我迟迟没给回信,但我无法向您解释没能回信的原因。

(12) Шлю подарочек дорогому Петеньке, поздравляю с днём рождения. 给亲爱的小别佳寄去一件小礼物,祝贺他的生日。

(13) Спешу сообщить Вам, что книга, написанная г-ном Ваном, уже вышла. 急于通知您,王先生所著的书已经出版。

(14) Извините, что не смог срочно ответить Вам, так как мне пришлось подробно изучить Ваше предложение. 请原谅我没能马上回答您,因为我不得不仔细地研究一下您的建议。

(15) Посылая Вам телеграмму г-на Лю, надеюсь, что Вы непосредственно ответите ему. 寄上刘先生的电报,相信您会直接回复他。

(16) От имени всей семьи, позвольте пожелать Вам здоровья и больших успехов. 谨代表全家祝愿您身体健康,取得巨大的成就。

(17) В дни Вашего 80-летия и полувековой научной деятельности, сердечно поздравляю Вас и желаю Вам здоровья и долголетия. 值此您八十大寿和从事科学工作五十年之际,衷心地祝贺您,并祝愿您健康长寿。

(18) Разрешите Вас поздравить с Новым годом. 请允许我祝贺您新年好。

(19) Горячо приветствуем делегатов съезда. 热烈欢迎代表大会代表。

(20) Позвольте поздравить Вас с успешной защитой диссертации, и желаю дальнейших успехов. 请允许我祝贺您顺利通过学位论文答辩,并祝您今后一切顺利。

(21) Позвольте сердечно поздравить Вас с окончанием института и пожелать Вам новых успехов. 请允许我衷心地祝贺您大学毕业,并愿您取得新的成就。

(22) Ценю каждое присланное Вами письмо так же, как и нашу дружбу. 就如同珍惜同我们的友谊一样,我珍惜您的每一封来信。

(23) Мне кажется, что ты преувеличил те успехи, которые ты описал в предыдущем письме. 我认为,你夸大了在上封信中所讲的成就。

(24) Хотелось бы подробно написать тебе о моём впечатлении, однако времени не хватает. 本想把我的印象详细地给你讲一下,但是没有时间了。

(25) Вы не можете представить себе, как мне хочется поделиться с Вами о своих больших достижениях. 您都想像不出,我多么想和您讲一讲我所取得的重大成果。

(26) С унынием читал Ваше письмо. Особенно огорчён Вашим настроением. И всё же надо найти в себе силу не поддаваться настроению. 我怀着忧郁的心情读了您的来信。您的情绪使我非常难受。但还是应该坚强些,不要被情绪所左右。

(27) Николай пишет, что приглашает нашу семью провести у него на даче отпуск. 尼古拉来信说,他邀请咱们全家到他的别墅度假。

(28) Никак не мог предположить, что содержание моего письма обидело тебя, однако всё же это факт. 我万万没有料到,我在信中写的内容得罪了你,然而这不都是事实吗。

(29) Клянусь тебе, что я полностью верю в то, о чём ты писал(-а) в прошлом письме. 向你发誓,我完全相信你在上一封信中说的事。

(30) Полностью согласен с взглядом, высказанным в письме, никто не сможет возразить против него. 完全同意信中所提观点,没有人能反对它。

(31) Часто вспоминаю те радостные дни, которые мы с Вами провели в институте. 我时常回忆起咱们在大学度过的愉快日子。

(32) Как бы мне хотелось снова увидеться с Вами, и потолковать о будущем плане. 我多么想再见到您,同您谈一谈未来的计划。

(33) Мне непременно нужно увидеть тебя в ближайшие дни, и обсудить с тобой важное дело. 我必须近日内见到你,同你商量一件要事。

(34) Жди моего приезда, много есть чего тебе рассказать о моей жизни. 等待着我的到来吧,关于我的生活有许多可以告诉你的。

(35) Принимаю Ваше недовольство по поводу того, что я долго не отвечал Вам. Меня оправдывает только то, что я два месяца не был дома. 我接受您对于我长时间没给您回信的不满,我唯一能为自己辩解的理由是:我两个月没回家。

(36) Выражаем сожаление по поводу отсутствия ответа на наш запрос. 对于你方未答复我们的函询表示遗憾。

(37) Прошу принять наше извинение в связи с тем, что долго не отвечали на Ваш запрос. 对于我方长期没有答复你方的询价,请接受我方的歉意。

(38) Нужно написать извинительное письмо в связи с невыполнением заказа. 应该写一封就没能完成订货进行道歉的信。

(39) Никак нельзя простить его за недисциплинированный поступок. 无论如何不能饶恕他的违纪行为。

(40) Прошу сообщить, если Вас не затруднит, когда будете проводить научную конференцию. 如果您不嫌麻烦的话，请通知我什么时候召开学术会议。

(41) Просим Вас отсрочить срок встречи, ввиду создавшегося у нас происшествия. 由于我方发生的变故，烦请你方将会晤日期予以延期。

(42) Учитывая Ваше неловкое положение, согласны отсрочить встречу на один месяц. 考虑到你方的困难处境，同意将会晤延期一个月。

(43) Прошу ответным письмом подтвердить, что Вы уже получили мое рациональное предложение. 请复信证明您已收到我的合理化建议。

(44) Просим срочно прислать оригинал соглашения, подписанного в прошлом месяце. 请速寄来上月签署的协议正本。

(45) Мечтаю получить твою весточку, в которой ты рассказала бы свою историю. 我渴望收到你讲述自己经历的回信。

(46) Очень соскучился по тебе и жду с нетерпением, когда увижусь с тобой. 非常想念你，焦急地盼着和你见面。

(47) На этом письмо заканчиваю, да и письмо получилось длинное. 就此收笔了，信已写得太长了。

(48) На этом заканчиваю письмо. Передай самые хорошие пожелания всем, кто знает меня. Целую Тебя! 就此搁笔了。向所有认识我的人致以最良好的祝愿。吻你！

(49) Кончая писать, хочу добавить, что ваши ответные письма всегда радуют нашу семью. 搁笔之前我想补充一句：您的每一封回信都使我们全家高兴。

(50) Уж много написал, нечего больше прибавлять. 已经写很多了，没有什么可补充的了。

(51) Да совсем забыл сообщить, что Гао Сян выезжает в командировку в твой город через неделю. 对了，差点忘了告诉你，高祥一周后要公出到你们城市去。

(52) Дай крепко пожать твою руку, надеюсь, что вскоре снова встретимся. 让我紧握您的手，我相信我们不久会重逢的。

应用文【2】：校园应用文范例

1. 给老师发短信请假

СМС преподавателю с просьбой об отпуске

Иван Иванович, здравствуйте! Я Максим с третьего курса. Сегодня я плохо себя чувствую, можно мне не присутствовать на занятиях по литературе?

2. 给外教发短信祝贺新年

СМС преподавателю с новогодним поздравлением

Дорогая Марина Викторовна! Поздравляем с Новым Годом, желаем Вам счастья, здоровья и успехов в наступающем году. Ваш третий курс.

3. 俄语系举办朗读比赛的通知

Объявление о конкурсе чтецов на факультете русского языка

Вниманию студентов первого курса! Факультет русского языка приглашает вас принять участие в конкурсе по декламации русских стихов. Конкурс пройдет 26 мая в аудитории 101. Узнать программу конкурса и записаться вы можете в деканате в срок до 20 мая. Приходите, будет весело!

4. 外国语学院话剧大赛的海报

Объявление о театральном конкурсе факультета иностранных языков

Уважаемые студенты и преподаватели! 20 декабря 2017 г. в актовом зале университета будет проходить традиционный конкурс театральных постановок на иностранных языках. Участие в конкурсе обязательно для всех студентов второго курса, каждая группа должна представить собственную постановку.

Напоминаем участникам конкурса о необходимости сдать тексты своих пьес в деканат за две недели до выступления. Приглашаем всех желающих посетить наш концерт. Желаем участникам творческих успехов!

5. 手机招领启事

Объявление о найденном телефоне

Сегодня, 15 апреля 2017 г, в корпусе гуманитарных наук в коридоре четвёртого этажа был найден телефон марки Самсунг. Владелец может обратиться к студентке группы 16 – 991 Юлии Барановской или позвонить по номеру xxxxxxxxxxx.

6. 网店放假通知

Объявление о закрытии интернет-магазина на каникулы

Уважаемые покупатели! Поздравляем вас с наступающим Новым Годом и сообщаем, что наш магазин закрывается на новогодние каникулы с 30 декабря до 7 января. Все заказы, сделанные до 30 декабря, будут доставлены покупателям в оговореные сроки.

7. 售房广告

Объявление о продаже квартиры

Продается двухкомнатная квартира на третьем этаже девятиэтажного дома в Заводском районе. Рядом с домом стоянка автомобилей, есть школа, детский сад и супермаркет в шаговой доступности. Квартира в отличном состоянии. Цена ххх рублей, возможен торг. Звонить по телефону ххххххх строго в вечерние часы.

8. 租房广告

Объявление о сдаче квартиры в аренду

Сдам на длительный срок однокомнатную квартиру в районе цирка. Квартира в отличном состоянии, недавно после ремонта. Бытовая техника и вся необходимая мебель в наличии. Не возражаю против детей и домашних животных. Цена ххх рублей в месяц плюс коммунальные платежи.

9. 俄汉电子词典售卖广告

Объявление о продаже электронного русско-китайского словаря

Продается электронный русско-китайский словарь марки "Век". Объем словаря — пятьсот тысяч слов, удобная система навигации. Словарь новый, не был в употреблении, гарантийный срок — 1 год. В комплект входят упаковка и наушники. Цена договорная.

10. 专家讲座通知

Объявление о курсе лекций

Деканат экономического факультета имеет честь сообщить, что на базе нашего факультета будет прочитан курс лекций "Страны БРИК: проблемы и перспективы экономического развития". Лектор — профессор МГУ, доктор экономических наук И. Н. Зайцев. Приглашаются все желающие, для студентов и аспирантов экономического факультета посещение лекций обязательно. Занятия будут проходить 1 — 10 сентября с 9.00 до 10.45 в аудитории 550.

11. 羽毛球比赛通知

Объявление о соревнованиях по бадминтону

Вниманию студентов, преподавателей и сотрудников университета! 5 мая в рамках Недели спорта пройдет соревнование по бадминтону. Все участники получат почетные грамоты, призеры — поощрительные призы. Просьба всем факультетам выставить команды из 3 – 5 участников. О составе команд просьба сообщить на кафедру физкультуры до 1 мая.

12. 招聘启示

Объявление о приеме на работу

Молодая динамичная компания ищет новых сотрудников на вакансии дизайнеров (дизайн мебели, интерьеров, ландшафтный дизайн). От вас — талант, работоспособность, умение работать в команде, желание профессионально развиваться. От нас — интересная работа, достойная зарплата, гибкий рабочий график. Кандидатов просим присылать свои резюме, документы о профессиональном образовании и портфолио на адрес xxxxx@xx.com.

13. 商品代购广告

Объявление о закупке товара

Ищу российских партнеров для взаимовыгодного сотрудничества по приобретению товаров в интернет-магазинах Китая и реализации их в России. Я беру на себя поиск продавцов, переговоры с ними и пересылку товаров по почте в Россию. От вас — поиск клиентов на территории РФ, получение почтовых пересылок и распространение товара. Если у вас есть свободное время, желание заработать и банковская карта международной платежной системы (Visa, Master), пишите мне по адресу xxxxx@xx.com. Буду рад посотрудничать!

14. 俄罗斯电影上映预告

Анонс российского фильма

Вниманию всех любителей кино! 1 января на экраны выходит новый российский блокбастер от режиссера Ивана Юрьевского "Время принятия решений". В главных ролях — звезды российского кинематографа Ольга Гламурная и Павел Ниочемов. Захватывающий сюжет, великолепная акретская игра, зрелищные спецэффекты. Не пропустите: в Новый год на всех экранах страны!

15. 俄语电视剧更新通知

Анонс о возобновлении показа российского телесериала

"Первый канал" сообщает о выходе на телеэкраны второго сезона психологического сериала "Голубые дали". Полюбившиеся зрителю герои возвращаются с новой загадкой. Смогут ли они разобраться в новом таинственном происшествии, не разрушив свои отношения? Как сообщают продюсеры сериала, во втором сезоне нас ждут неожиданные повороты сюжета и новые оригинальные персонажи. Смотрите в марте на "Первом"!

16. 俄语专业四级辅导班广告

Объявление об открытии группы подготовки к ТРЯ 4

Вниманию студентов чертвертого курса! По вашим просьбам факультет русского языка открывает специальную группу подготовки к профессиональному экзамену четвертого уровня. Преподаватель — кандидат филологических наук, доцент Глебова А. В. Занятия будут проходить в аудитории 1 – 121 каждую пятницу в 17.00 — 19.00. Желающим просьба записаться в деканате. Для всех записавшихся посещение занятий обязательно.

17. 图书室借书借条

Расписка за взятую в абонемент библиотечную книгу

Я, Долганова Анастасия, студентка группы 5 – 999, беру в бибилотеке университета книгу "Теория и практика перевода". Обязуюсь вернуть книгу в двухнедельный срок. 20.05.2020 г.

СЛОВА И ВЫРАЖЕНИЯ

(1) СМС(SMS) преподавателю с просьбой об отпуске 给老师发短信要求请假
(2) можно (мне) не присутствовать на занятиях по литературе(我)可以不去上文学课
(3) СМС преподавателю с новогодним поздравлением. 给老师发短信祝贺新年。
(4) желаем Вам счастья, здоровья и успехов в наступающем году 祝愿您在新的

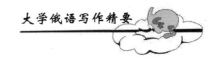

一年里幸福、健康、取得成绩

(5) Объявление о конкурсе чтецов на факультете русского языка 俄语系朗读比赛通知

(6) Вниманию студентов(первого) курса(一)年级同学注意

(7) Факультет русского языка приглашает вас принять участие в конкурсе по декламации русских стихов. 俄语系邀请您参加俄语诗歌朗读比赛。

(8) Конкурс пройдет(26 мая) в аудитории(101). 比赛将在(五月26日)(101)教室举行。

(9) Узнать программу конкурса и записаться вы можете в деканате в срок до (20 мая). 您可以在(五月二十日)前在系办了解比赛节目单和报名。

(10) в актовом зале университета будет проходить традиционный конкурс театральных постановок на иностранных языках. 将在学校礼堂举行外语话剧传统大赛

(11) Участие в конкурсе обязательно для всех студентов второго курса. 所有二年级学生必须参加比赛。

(12) каждая группа должна представить собственную постановку 每个班必须提供自己编写的(剧本)

(13) Напоминаем участникам конкурса о необходимости сдать тексты своих пьес в деканат за две недели до выступления. 提醒参赛者必须在两周前向系办提交自己所演话剧的文字材料。

(14) Желаем участникам творческих успехов! 祝参赛能获佳绩!

(15) Объявление о найденном телефоне. 手机招领启事。

(16) был найден телефон марки Самсунг 拾到三星手机一个

(17) Владелец может обратиться к студентке группы ( ) или позвонить по номеру( ). 机主可来找( )班女生( )或打电话( )。

(18) смартфон марки Xiaomi 小米智能手机

(19) Объявление о закрытии интернет-магазина на каникулы. 网店放假通知。

(20) Поздравляем вас с наступающим Новым годом 祝你们即将到来的新年好

(21) наш магазин закрывается на новогодние каникулы с 30 декабря до 7 января 因放年假我店将于12月30日至1月7日闭店

(22) Все заказы, сделанные до 30 декабря, будут доставлены покупателям в оговоренные сроки. 所有12月30日前订货将于约定日期发至买家。

(23) Объявление о продаже квартиры. 售房广告

(24) Продается двухкомнатная квартира на третьем этаже девятиэтажного дома в Заводском районе. 出售工厂小区五层楼房的三层两室套间。

(25) Рядом с домом стоянка автомобилей, есть школа, детский сад и супермаркет в шаговой доступности. 楼旁有小汽车停靠位、中小学校、幼儿园和近在咫尺的超市。

(26) Квартира в отличном состоянии. 房子状态良好。

(27) Цена ( ) рублей, возможен торг. 售价( )卢布,可以讲价。

(28) Звонить по телефону ( ) строго в вечерние часы. 务必晚上拨打电话( )。

(29) Объявление о сдаче квартиры в аренду 租房广告

(30) Сдам на длительный срок однокомнатную квартиру 对外长租两室住房

(31) Квартира недавно после ремонта. 房子不久前刚维修过。

(32) Бытовая техника и вся необходимая мебель в наличии. 有家用电器和所有必要的家具。

(33) Не возражаю против детей и домашних животных. 不反对带孩子和家养宠物。

(34) Цена ( ) рублей в месяц плюс коммунальные платежи. 月租金( )卢布并附带公用缴费。

(35) Объявление о продаже электронного русско-китайского словаря. 俄汉电子词典售卖广告。

(36) Объем словаря — пятьсот тысяч слов, удобная система навигации. 词典含有54000词,操作系统方便。

(37) Словарь новый, не был в употреблении, гарантийный срок — 1 год. 词典是新的,未使用过,保期一年。

(38) В комплект входят упаковка и наушники. 配套有包装盒和耳机。

(39) курс лекций "Страны БРИК: проблемы и перспективы экономического развития". 讲座课程"金砖国家:经济发展的问题与前景"。

(40) Объявление о соревнованиях по бадминтону. 羽毛球比赛通知

(41) Все участники получат почетные грамоты, призеры — поощрительные призы. 所有参赛者均发给荣誉证书,获奖者给予鼓励奖品。

(42) Просьба всем факультетам выставить команды из 3 – 5 участников. 请各系派出3 – 5人参赛。

(43) О составе команд просьба сообщить на кафедру физкультуры до 1 мая. 参赛队构成情况请于5月1日前通知体育教研室。

（44）Объявление о приеме на работу. 招聘启示

（45）（компания）ищет новых сотрудников на вакансии дизайнеров（公司）招聘工业品艺术设计师

（46）дизайн мебели 家俱艺术设计师

（47）дизайн интерьеров 装修艺术设计师

（48）ландшафтный дизайн 景观艺术设计师

（49）Кандидатов просим прислать свои резюме, документы о профессиональном образовании на адрес xxxxx@xx.com. 请求职者按下列邮箱地址寄来个人简历、职业证书

（50）Объявление о закупке товара. 商品代购广告

（51）Ищу российских партнеров для взаимовыгодного сотрудничества по приобретению товаров в интернет-магазинах Китая и реализации их в России. 寻求合作伙伴，实现双赢，通过网店在中国采购商品并在俄罗斯销售。

（52）Я беру на себя поиск продавцов, переговоры с ними и пересылку товаров по почте в Россию. 我负责寻找卖家，与其谈判并将货物通过邮递发往俄罗斯。

（53）От вас — поиск клиентов на территории РФ, получение почтовых пересылок и распространение товара. 贵方负责在俄联邦寻找买家，收取邮寄包裹并分发出去。

（54）банковская карта международной платежной системы（Visa, Master）国际支付系统银行卡

（55）Анонс российского фильма. 俄罗斯电影预告

（56）Захватывающий сюжет, великолепная акретская игра, зрелищные спецэффекты. 扣人心弦的情节，绝佳演技，场景特效。

（57）Анонс о возобновлении показа российского телесериала. 俄语电视连续剧播出更新通知。

（58）нас ждут неожиданные повороты сюжета и новые оригинальные персонажи 等待我们的是情节的突然逆转和新的有独创性的人物角色

（59）Объявление об открытии группы подготовки к ТРЯ 4. 俄语专业四级辅导班开班广告。

（60）Желающим просьба записаться в деканате. 有意者请到系办报名。

（61）Расписка за взятую в абонемент библиотечную книгу. 图书馆借书借条

（62）Обязуюсь вернуть книгу в двухнедельный срок. 我保证在两周内还书。

(63) Вичат 微信、ТаоБао 淘宝、Алипей 支付宝、ТикТок 抖音

(64) Мне нужен мобильный телефон на две сим-карты. 我需要能插两张 SIM 卡的手机。

(65) Могу я оплатить по двухмерному коду (QR коду)? 我可以用二维码付款吗？

(66) На интернет-магазине выберите товары, потом зайдите в «Корзину» и выберите способ оплаты. 在网店您先选择商品，然后进入购物篮，再选择付款方式。

(67) Если тебе не понравилась вещь, ты можешь вернуть её. 如果你不喜欢货品的话，可以退货。

(68) Вичат (WeChat) — это удобное приложение для обмена сообщениями. 微信是一种方便的互相交流信息的附件。

(69) ТаоБао — это интернет-магазин, очень популярен в России. 淘宝是一座网络商城，在俄罗斯很受欢迎。

(70) ТикТок — это самая популярная в Китае социальная сеть в Интернете. 抖音是中国最流行的在线社交网络。